U0759156

诸子百家

卷四

[战国]孟子 著

第五章　名家

名家概述

名家是战国时期的重要学派之一。它的代表人物是：邓析、惠施、公孙龙和桓团。主要作品有：《公孙龙子》。主要研究的是『名』（名称、概念）和『实』（本质、事实）的关系。战国时期称为『刑名家』或『辩者』，西汉时开始称为『名家』。名家思想起始于春秋末期，郑国大夫邓析为先驱。作为一个思想学派，名家没有共同的主张，只是研究对象相同，但各家说法不一。派别主要有『合同异』和『离坚白』两派，前者强调事物的统一性，后者强调事物的差异性。名家思想对后世的影响不是很大，但它在当时是一个非常活跃的学派，体现了中国古代逻辑学发展的高度与深度。

《公孙龙子》

【导读】

《公孙龙子》，又名《守白论》，共三卷，战国后期名家代表人物公孙龙的著作。公孙龙，字子秉，战国时期赵国人。活动年代约在公元前320年至前250年间，他的生平事迹已无从考据。他的哲学理论以『白马非马论』著称，常常与孔子后人孔穿及邹衍等人辩论。本书是针对社会上名不副实的现象所作。

《公孙龙子》首篇《迹府》是后人编辑的有关公孙龙的简介，其余五篇是公孙龙的作品。其中《白马论》所提出的『白马非马』的命题，以及《坚白论》所提出的『离坚白』的命题，是公孙龙名辩思想的中心。该书着重探讨了概念的内涵和外延以及事物的共性和个性、存在和思维的关系，构成了一个完整的学说体系。《白马论》以『白马非马』为命题，反复剖析，以显示名家审正名实之义例。马与白马对比，马为共相，白马为别相；马为单名，白马为复名，差异显然，不可混为一谈。但是将共相与别相、单名与复名之间的差异夸大，否认『白马与非白马俱为马的一部分』，则又过了。《坚白论》根据『坚』『白』问题说明外物属性反映在人的感官当中，各有专主，不能同时感受。公孙龙并非不知道石头具有坚硬、白色两种属性，但是就直觉而言，感觉到坚硬的同时不能感觉到白色，看到白色的同时看不到坚硬，所以他主张『离坚白』。

迹府[1]

公孙龙，六国时辩士也[2]。疾名实之散乱[3]，因资材之所长[4]，为守白之论[5]。假物取譬，以守白辩，谓白马为非马也。白马为非马者：言白所以名色[6]，言马所以名形也；色非形，形非色也。夫言色则形不当与[7]，言形则色不宜从[8]，今合以为物，非也。如求白马于厩中，无有，而有骊色之马[9]，然不可以应有白马也。不可以应有白马，则所求之马亡矣[10]；亡则白马竟非马[11]。欲推是辩，以正名实而化天下焉[12]。

龙与孔穿会赵平原君家[13]。穿曰：『素闻先生高谊[14]，愿为弟子久，但不取先生以白马为非马耳！请去此术，则穿请为弟子。』

龙曰：『先生之言悖[15]。龙之所以为名者，乃以白马之论尔！今使龙去之，则无以教焉。且欲师之者，以智与学不如也。今使龙去之，此先教而后师之也；先教而后师之者，悖。且白马非马，乃仲尼之所取。龙闻楚王张繁弱之弓[16]，载亡归之矢，以射蛟兕于云梦之圃[17]，而丧其弓。左右请求之。王曰：「止。楚王遗弓，楚人得之，又何求乎？」仲尼闻之曰：「楚王仁义而未遂也。亦曰人亡弓，人得之而已，何必楚？」若此，仲尼异「楚人」于所谓「人」。夫是仲尼异「楚人」于所谓「人」，而非龙「白马」于所谓「马」，悖。先生修儒术而非仲尼之所取，欲学而使龙去所教，则虽百龙[18]，固不能当前矣。』孔穿无以应焉。

公孙龙，赵平原君之客也[19]。孔穿，孔子之叶也。穿与龙会。穿谓龙曰：『臣居鲁，侧闻下风[20]，高先生之智[21]，说先生之行[22]，愿受业之日久矣，乃今得见。然所不取先生者，独不取先生之以白马为非马耳。请去白马非马之学，穿请为弟子。』

公孙龙曰：『先生之言悖。龙之学，以白马为非马者也。使龙去之，则龙无以教；无以教而乃学于龙也者，悖。且夫欲学于龙者，以智与学焉为不逮也[23]。今教龙去白马非马，是先教而后师之也；先教而后师之，不可。先生之所以教龙者，似齐王之谓尹文也[24]。齐王之谓尹文曰：「寡人甚好士[25]，以齐国无士，何也？」尹文曰：「愿闻大王之所谓士者。」齐王无以应。尹文曰：「今有人于此，事君则忠，事亲则孝，交友则信，处乡则顺，有此四行，可谓士乎？」齐王曰：「善！此真吾所谓士也。」尹文曰：「王得此人，肯以为臣乎？」王曰：「所愿而不可得也。」是时齐王好勇。于是尹文曰：「使此人广庭大众之中，见侵侮而终不敢斗，王将以为臣乎？」王曰：「钜士也？见侮而不斗，辱也！辱则寡人不以为臣矣[26]。」尹文曰：「唯见侮而不斗，未失其四行也。是人未失其四行，其所以为士也。然而王一以为臣，一不以为臣，则向之所谓士者[27]，乃非士乎？」齐王无以应。

尹文曰：「今有人君，将理其国，人有非则非之，无非则亦非之；有功则赏之，无功则亦赏之，而怨人之不理也，可乎？」齐王曰：「不可。」尹文曰：「臣窃观下吏之理齐[28]，其方若此矣。」王曰：「寡人理国，信若先生之言，人虽不理，寡人不敢怨也。意未至然与？」尹文曰：「言之敢无说乎？王之令曰：「杀人者死，伤人者刑。」人有畏王之令者，见侮而终不敢斗，是全王之令也。而王曰：「见侮而不斗者，辱也。」谓之辱，非之也。无非而王辱之，故因除其籍[29]，不以为臣也。不以为臣者，罚之也。此无罪而王罚之也。且王辱不敢斗者，必荣敢斗者也；荣敢斗者是，而王是之[30]，必以为臣矣。必以为臣者，赏之也。彼无功而王赏之。王之所赏，吏之所诛也[31]；上之所是，而法之所罪也。

赏罚是非，相与四谬㉜，虽十黄帝，不能理也。」齐王无以应焉。故龙以子之言有似齐王。子知难白马之非马㉝，不知所以难之说，以此，犹好士之名，而不知察士之类。』

【注释】

①府：聚集，收藏。②六国：指战国时位于函谷关以东的齐、楚、燕、韩、赵、魏六国。辩士：能言善辩之士，游说之士。③疾：忧虑。名实：名称与实质、实际。④资材：取材。谢希深注：『物各有材，圣人之所资用者也。』⑤守白之论：指公孙龙的『白马非马』论。⑥名：命名，取名。⑦与：同，跟。⑧从：跟从，跟随。⑨骊色：黑色。⑩亡：无，没有。⑪竟：终于，到底。⑫化：改变人心与风俗，教化。⑬孔穿：字子高，孔子六代孙。平原君：战国赵武灵王之子，惠文王之弟，名胜，封于平原，故号平原君，为惠文王及孝成王之相。秦围邯郸，危急，用毛遂计，与楚定纵约，又求救于魏信陵君，使赵转危为安。喜宾客，食客多至数千人，太史公称为『翩翩浊世之佳公子』。⑭高谊：崇高的道义，高尚的德行。⑮悖：违逆，违背。⑯繁弱：古良弓名。⑰蛟：古代传说中的一种龙。常居深渊，能发洪水。兕：古代兽名。皮厚，可以制甲。⑱百：百倍。⑲客：门客，寄食于贵族豪门的人。⑳下风：比喻处于下位，卑位。也有用作谦辞的。㉑高：尊崇，推崇。㉒说：后作『悦』。敬重。㉓不逮：比不上，不及。㉔尹文：尹文子，出于周之尹氏。齐宣王时，居稷下，与宋钘、彭蒙、田骈同学于公孙龙，公孙龙著书一篇，即《尹文子》。㉕士：智者、贤者。后泛指读书人，知识阶层。㉖寡人：古代君主谦称自己为寡人。㉗向：从前，原先。㉘下吏：交付司法官吏审讯。㉙籍：人名簿。㉚是：认为……正确。㉛诛：惩罚，责罚。㉜相与：互相，交相。㉝难：责难，诘问。

白马论

白马非马，可乎？曰：可。

曰：何哉？

曰：马者，所以命形也①。白者，所以命色也。命色者，非命形也，故曰『白马非马』。

曰：有白马，不可谓无马也。不可谓无马者，非马也？有白马，为有马，白之非马，何也？

曰：求马，黄、黑马皆可致②。求白马，黄、黑马不可致。使白马乃马也，是所求一也，所求一者，白者不异马也。所求不异，如黄、黑马有可有不可，何也？可与不可其相非明。故黄、黑马一也，而可以应有马，而不可以应有白马，是白马之非马审矣③。

曰：以马之有色为非马④，天下非有无色之马也。天下无马，可乎？

曰：马固有色⑤，故有白马。使马无色，如有马而已耳，安取白马？故白者非马也。白马者，马与白也。马与白马也，故曰：白马非马也。

曰：马未与白为马，白未与马为白。合马与白，复名白马，是相与以不相与为名，未可。故曰：白马非马，未可。

曰：以有白马为有马⑥，谓有白马为有黄马，可乎？曰：未可。曰：以有马为异有黄马，是异黄马于马也。异黄马于马，是以黄马为非马。以黄马为非马，而以白马为有马，此飞者入池，而棺椁异处⑦，此天下之悖言乱辞也。

曰：有白马，不可谓无马者，离白之谓也⑧。是离者，有白马不可谓有马也。故所以为有马者，独以马为有马耳，非以白马为有马。故其为有马也，不可以谓无马也。

曰：白者不定所白，忘之而可也。白马者，言白定所白也。定所白者，非白也。马者无去取于色，故黄、黑皆所以应。白马者，有去取于色，黄、黑马皆所以色去，故唯白马独可以应耳。无去者非有去也。故曰：白马非马。

【注释】

①命：同『名』。命名，称为。②致：得到，获得。③审：察知，知道。④以：如果。⑤固：原来，本来。⑥以：因为，由于。⑦棺椁：棺与椁。⑧离：去掉，抛弃。

坚白论

坚、白、石，三，可乎[1]？

曰：不可。

曰：二，可乎？

曰：可。

曰：何哉？

曰：无坚得白，其举也二[2]；无白得坚，其举也二。

曰：得其所白，不可谓无白。得其所坚，不可谓无坚。而之石也之于然[3]，非三也？

曰：视不得其所坚[4]，而得其所白者，无坚也。拊不得其所白[5]，而得其所坚。得其坚也，无白也。

曰：天下无白，不可以视石。天下无坚，不可以谓石。坚白石不相外[6]，藏三[7]，可乎？

曰：有自藏也，非藏而藏也。

曰：其白也，其坚也，而石必得以相盛盈[8]，其自藏奈何？

曰：得其白，得其坚，见与不见离。不见离，一一不相盈，故离。离也者，藏也。

曰：石之白，石之坚，见与不见，二与三，若广修而相盈也[9]，其非举乎。

曰：物白焉，不定其所白。物坚焉，不定其所坚。不定者兼，恶乎其石也？

曰：循石⑩，非彼无石，非石无所取乎白石。不相离者，固乎然其无已。

曰：于石一也，坚白二也，而在于石。故有知焉，有不知焉；有见焉，有不见焉。故知与不知相与离，见与不见相与藏。藏故，孰谓之不离？

曰：目不能坚⑪，手不能白⑫。不可谓无坚，不可谓无白。其异任也⑬，其无以代也⑭。坚、白域于石⑮，恶乎离？

曰：坚未与石为坚，而物兼未与为坚，而坚必坚其不坚。石、物而坚，天下未有若坚而坚藏。白固不能自白，恶能白石物乎？若白者必白，则不白物而白焉。黄黑与之然。石其无有，恶取坚白石乎？故离也。离也者，因是。力与知、果⑯，不若因是。且犹白以目、以火见，而火不见。则火与目不见而神见。神不见，而见离。坚以手，而手以捶，是捶与手知而不知。而神与不知。神乎，是之谓离焉。离也者天下，故独而正。

【注释】

①坚：坚硬。②举：都，全。③之：这，这个。④视：看。⑤拊：抚，抚摩。⑥不相外：即三者合一，不相分离。⑦藏：隐藏，潜匿。⑧盈：满，充满。⑨修：长，高。指空间距离大。⑩循：寻，求。⑪目：看，注视。⑫手：用手抚摸。⑬异任：功用或职任不同。⑭代：代替。⑮域：引申为存在。⑯果：果敢，有决断。

第六章 兵家

兵家概述

兵家是诸子百家之一。它的代表人物是：孙武、孙膑、吴起。主要作品有：《孙子兵法》《孙膑兵法》《六韬》《吴子》。春秋战国时期，诸侯争霸，战乱频繁，有一些研究军事智谋的有识之士，总结军事方面的经验教训，研究调兵遣将、杀敌制胜的理论，他们被称为兵家。那些论述军事的兵家著作，就称为兵书。各兵书中所论述的观点不同，但兵家的实践活动和理论指导对后世影响深远，成为中国古代宝贵的军事思想遗产。

《六韬》

【导读】

《六韬》相传为周初太公望（即吕尚、姜子牙）所著，又名《太公六韬》《太公兵法》。《汉书·艺文志》儒家著录『《周史六弢》六篇』，颜师古注称：『即今《六韬》也。盖言取天下及军旅之事。弢字与韬同也。』《隋书·经籍志》兵家著录《太公六韬》五卷，注称：『梁六卷，周文王师姜望撰。』《旧唐书·经籍志》《新唐书·艺文志》《宋史·艺文志》都著录《六韬》六卷。但从南宋开始，《六韬》一直被怀疑为伪书，特别是清代，更被确定为伪书。然而，1972年4月，在山东临沂银雀山西汉古墓中，发现了大批竹简，其中就有《六韬》的50多枚，这就证明《六韬》至少在西汉时已广泛流传了。但是，很多学者以为《六韬》非太公望所著，而是成书于战国时期，托名太公。也有学者以为《六韬》确为吕望所作。

《六韬》分别以文、武、龙、虎、豹、犬为标题，各为一卷，共61篇，近二万字。文韬：论治国用人的韬略；武韬：

讲用兵的韬略；龙韬：论军事组织；虎韬：论战争环境和武器、布阵；豹韬：论战术；犬韬：论军队指挥训练。

文师第一

文王将田[1]，史编布卜曰[2]：『田于渭阳，将大得焉。非龙非螭[3]，非虎非罴[4]，兆得公侯[5]，天遗汝师，以之佐昌[6]，施及三王[7]。』文王曰：『兆致是乎？』史编曰：『编之太祖史畴[8]，为禹占，得皋陶[9]，兆比于此[10]。』

文王乃斋三日，乘田车，驾田马，田于渭阳，卒见太公坐茅以渔。

文王劳而问之曰[11]：『子乐渔耶？』太公曰：『君子乐得其志；小人乐得其事[12]。今吾渔，甚有似也。』

文王曰：『何谓其有似也？』

太公曰：『钓有三权[13]：禄等以权[14]，死等以权[15]，官等以权[16]。夫钓以求得也，其情深[17]，可以观大矣。』

文王曰：『愿闻其情。』

太公曰：『源深而水流，水流而鱼生之情也。根深而木长，木长而实生之情也。君子情同而亲合，亲合而事生之情也。言语应对者，情之饰也。言至情者，事之极也。今臣言至情不讳，君其恶之乎？』

文王曰：『惟仁人能受直谏，不恶至情。何为其然？』

太公曰：『缗微饵明[18]，小鱼食之；缗调饵香[19]，中鱼食之；缗隆饵丰，大鱼食之。夫鱼食其饵乃牵其缗，人食其禄乃服于君。故以饵取鱼，鱼可杀；以禄取人，人可竭；以家取国，国可拔[20]；以国取天下，天下可毕。呜呼！曼曼绵绵[21]，其聚必散；嘿嘿昧昧[22]，其光必远。微哉[23]！圣人之德，诱乎独见[24]。乐哉！圣人之虑，各归其次[25]，而立敛焉[26]。』

文王曰：『立敛何若而天下归之？』

太公曰：『天下非一人之天下，乃天下之天下也。同天下之利者则得天下，擅天下之利者则失天下[27]。天有时，地有财，能与人共之者，仁也。仁之所在，天下归之。免人之死，解人之难，救人之患，济人之急者，德也。德之所在，天下归之。与人同忧同乐同好同恶者，义也。义之所在，天下赴之[28]。凡人恶死而乐生，好德而归利，能生利者，道也。道之所在，天下归之。」

文王再拜曰：「允哉！敢不受天之诏命乎！」乃载与俱归，立为师。

国务第三

文王问太公曰：「愿闻为国之大务。欲使主尊人安[29]，为之奈何？」

太公曰：「爱民而已。」

文王曰：「爱民奈何？」

太公曰：「利而勿害，成而勿败，生而勿杀，予而勿夺，乐而勿苦，喜而勿怒。」

文王曰：「敢请释其故[30]。」

太公曰：「民不失务则利之[31]，农不失时则成之，省刑罚则生之，薄赋敛则与之，俭宫室台榭则乐之[32]，吏清不苛扰则喜之。民失其务则害之，农失其时则败之，无罪而罚则杀之，重赋敛则夺之，多营宫室台榭以疲民力则苦之，吏浊苛扰则怒之。故善为国者，驭民如父母之爱子[33]，如兄之爱弟，见其饥寒则为之忧，见其劳苦则为之悲，赏罚如加于身，赋敛如取于己，此爱民之道也。」

六守第六

文王问太公曰：「君国主民者，其所以失者，何也？」

太公曰：「不谨所与也[34]。人君有六守、三宝。」

文王曰：「六守何也？」

太公曰：「一曰仁，二曰义，三曰忠，四曰信，五曰勇，六曰谋，是谓六守。」

文王曰：「谨择六守者何㉟？」

太公曰：「富之，而观其无犯。贵之，而观其无骄。付之㊱，而观其无专。使之，而观其无隐㊲。危之，而观其无恐。事之㊳，而观其无穷㊴。富之而不犯者，仁也。贵之而不骄者，义也。付之而不专者，忠也。使之而不隐者，信也。危之而不恐者，勇也。事之而不穷者，谋也。人君无以三宝借人㊵，借人则君失其威。」

文王曰：「敢问三宝。」

太公曰：「大农、大工、大商㊶，谓之三宝。农一其乡，则谷足。工一其乡，则器足。商一其乡，则货足。三宝各安其处，民乃不虑。无乱其乡，无乱其族。臣无富于君，都无大于国。六守长则君昌，三宝完则国安㊷。」

【注释】

①田：打猎。后写作「畋」。②史：古代官名，在王左右的史官，担任祭祀、星历、卜筮、记事等职。编：人名。卜：占卜。③螭：古代传说中一种没有角的龙。④罴：棕熊。⑤兆：龟甲烧后的裂纹。古代以龟甲烧后的裂纹预测未来的事情。公侯：古代爵位分为公、侯、伯、子、男。公侯为最高爵位，才德出众者居之，故该句以公侯指代才华出众的人才。⑥昌：昌盛。⑦施：延续。三王：指文王的后代。⑧畴：人名。⑨皋陶：人名，传说舜时被任为掌管刑法的官。⑩比：接近。⑪劳：慰劳。⑫「君子」两句：意指君子乐于实现自己的志向，而小人乐于做好自己的事情。⑬权：方法，谋略。⑭禄等以权：以厚禄求得人才的权术。⑮死等以权：求得死士的权术。⑯官等以权：以官位求得人才的权术。⑰情：情况，实情。⑱缗：钓鱼绳。⑲调：调和，适中。⑳拔：取得。㉑曼：长。绵：接连不断。㉒嘿：通「默」，默然。昧：昏暗。

㉓微：微妙。㉔诱：称美之辞。独见：独自显现。见，通「现」。㉕各归其次：指人各归其本位。㉖敛：聚敛。㉗擅：专有，占有。㉘赴：投奔。㉙尊：尊贵。安：安定。㉚释：解释。故：缘故，原因。㉛务：紧要的事情。㉜榭：建筑在台上的房屋。㉝驭：治理。㉞与：给予。㉟谨择六守者何：如何谨慎地选拔符合六守标准的人才呢？㊱付：指将权力付与。㊲隐：隐瞒。㊳事：使应对急事。㊴穷：困窘。㊵借：给予。㊶大：重视、注重。㊷长：掌理。完：完好。

《孙子兵法》

【导读】

《孙子兵法》又称《孙子》《孙武兵法》《吴孙子兵法》，春秋末年孙武著，为『武经七书』之首，是世界三大兵书之一。全书共十三篇。1972年山东临沂银雀山汉墓出土的竹书《孙子兵书》及《史记·孙子吴起列传》均有十三篇《孙子兵法》的明确记载。

银雀山竹书《孙子兵法》为迄今最早的传世本，惜为残简，不能窥其全貌。现存的重要版本有南宋宁宗时所刻《十一家注孙子》三卷足本，宋刊《武经七书》本，另有西夏文本以及其他明、清以来各家注本五十余种。现有日、法、英、俄、德、捷等译本流传。它继承、发展前人的战争经验和进行兼并战争的军事理论，揭示了战争的若干客观规律，具有朴素的唯物论和辩证法思想，被誉为『兵经』，在世界军事史上也占有突出的地位。

作者：孙武，字长卿，春秋末年齐国乐安（今山东惠民县）人，具体生卒年月日不可考，大约与孔子同时或稍早，其主要活动在公元前500年前后的三十年内。

计篇

孙子曰：兵者①，国之大事，死生之地，存亡之道，不可不察也。故经②之以五事，校之以计而索其情③：一曰道，二曰天，三曰地，四曰将，五曰法。道者，令民于上同意者也，可与之死，可与之生，民不诡也④。天者，阴阳、寒暑、时制也。地者，高下、远近、险易、广狭、死生也。将者，智、信、仁、勇、严也。法者，曲制、官道、主用也。凡此五者，将莫不闻，知之者胜，不知之者不胜。故校之以计，而索其情。曰：主孰有道？将孰有能？天地孰得？法令孰行？兵众孰强？士卒孰练？赏罚孰明？吾以此知胜负矣。

将听吾计，用之必胜，留之；将不听吾计，用之必败，去之。计利以听，乃为之势，以佐其外。势者，因利而制权也。兵者，诡道也。故能而示之不能，用而示之不用，近而示之远，远而示之近。利而诱之，乱而取之，实而备之，强而避之，怒而挠之，卑而骄之，佚而劳之，亲而离之，攻其无备，出其不意。此兵家之胜，不可先传也。夫未战而庙算胜者⑤，得算多也；未战而庙算不胜者，得算少也。多算胜，少算不胜，而况无算乎！吾以此观之，胜负见矣。

【注释】

①兵：计策，计谋。本文指战争前的计策。②经：划分界限。③校：计数，查点。索：寻求，探索。情：道理，情理。④诡：罪责。⑤庙算：亦作『庙胜』。古时战争前在祖庙里举行的一种仪式，讨论作战计谋。

作战篇

孙子曰：凡用兵之法，驰车千驷①，革车千乘②，带甲十万③，千里馈粮④，则内外之费，宾客之用，胶漆之材，车甲之奉，日费千金，然后十万之师举矣。其用战也贵胜，久则钝兵挫锐，攻城则力屈，久暴师则国用不足。夫钝兵挫锐，屈力殚货⑤，则诸侯乘其弊而起，虽有智者，不能善其后矣。故兵闻拙速，未睹巧之久也。夫兵久而国利者，未之有也。故不尽知用兵之害者，则不能尽知用兵之利也。

善用兵者，役不再籍⑥，粮不三载；取用于国，因粮于敌⑦，故军食可足也。国之贫于师者，远输，远输则百姓贫。近师者，贵卖，贵卖则百姓竭，财竭则急于丘役。力屈、财殚，中原内虚于家。百姓之费，十去其七；公家之费，破军罢马，甲胄矢弩，戟盾蔽橹丘牛大车[8]，十去其六。故智将务食于敌。食敌一钟[9]，当吾二十钟；萁杆一石[10]，当吾二十石。故杀敌者，怒也；取敌之利者，货也。故车战，得车十乘已上，赏其先得者，而更其旌旗，车杂而乘之，卒善而养之，是谓胜敌而益强。故兵贵胜，不贵久。故知兵之将，民之司命[11]，国家安危之主也。

【注释】

①驰车千驷：驰车，古代轻型的战车。驷，古代一辆车套四马。②革车千乘：革车，古代兵车的一种。专门用来运送粮食、器械等的。乘，量词。用以计算车子。③带甲：披甲的将士。④馈：输送粮食等。⑤屈力殚货：屈力，指力量消耗。殚货，指物资耗尽。⑥籍：古代各种捐税的统称。⑦因：依托，利用，凭借。⑧戟：古代兵器名。合戈、矛为一体，略似戈，兼有戈之横击、矛之直刺两种作用，杀伤力比戈、矛为强。蔽橹：大盾。古代防御性的兵器。丘牛：大牛。⑨钟：古容量单位。⑩萁：木名。石：计算容量的单位。10斗为一石。⑪司命：古星名。这里指掌握命运。

谋攻篇

孙子曰：凡用兵之法，全国为上[1]，破国次之；全军为上，破军次之；全旅为上[2]，破旅次之；全卒为上，破卒次之；全伍为上，破伍次之。是故百战百胜，非善之善也；不战而屈人之兵，善之善者也。故上兵伐谋，其次伐交[3]，其次伐兵，其下攻城。攻城之法为不得已。修橹[4]轒辒[5]、具器械，三月而后成，距闉[6]，又三月而后已。将不胜其忿，而蚁附之，杀士三分之一，而城不拔者，此攻之灾也。故善用兵者，屈人之兵而非战也，拔人之城而非攻也，破人之国而非久也，必以全争于天下。故兵不顿[7]，而利可全，此谋攻之法也。故用兵之法，十则围之，五则攻之，倍则分之，敌则能战之，少则能逃之，不若则能避之。故小敌之坚，大敌之擒也。夫将者，国之辅也。辅周[8]则国必强，辅隙[9]则国必弱。故君之所以患于军者三：不知军之不可以进而谓之进，不知军之不可以退而谓之退，是为縻⑩军；不知三军之事，而同三军之政者，则军士惑矣；不知三军之权，而同三军之任，则军士疑矣。三军既惑且疑，则诸侯之难至矣，是谓乱军引胜。

故知胜有五：知可以战与不可以战者胜，识众寡之用者胜，上下同欲者胜，以虞⑪待不虞者胜，将能而君不御⑫者胜。此五者，知胜之道也。故曰：知己知彼，百战不殆⑬；不知彼而知己，一胜一负；不知彼不知己，每战必殆。

【注释】

①全：保全。②旅：古代军队的编制单位。③交：本文指外交。④橹：没有顶盖的望楼。⑤墩巂：古代的战车，用于攻城。⑥闉：通『堙』。土山，用于攻守或瞭望。⑦顿：疲劳，乏力。⑧周：周到，周全。⑨隙：漏洞，缺陷。⑩縻：拴缚，束缚，牵制。⑪虞：准备，防范。⑫御：控制，约束以为用。⑬殆：危亡，危险。

军形篇

孙子曰：昔之善战者，先为不可胜①，以待敌之可胜②。不可胜在己，可胜在敌③。故善战者，能为不可胜，不能使敌之可胜④。故曰：胜可知而不可为⑤。

不可胜者，守也；可胜者，攻也⑥。守则不足，攻则有余⑦。善守者，藏于九地之下；善攻者，动于九天之上⑧。故能自保而全胜也⑨。

见胜不过众人之所知⑩，非善之善者也；战胜而天下曰善，非善之善者也。故举秋毫不为多力⑪，见日月不为明目，闻雷霆不为聪耳⑫。古之所谓善战者，胜于易胜者也⑬。故善战者之胜也，无智名，无勇功。故其战胜不忒⑭。不忒者，其所措必胜⑮，胜已败者也⑯。故善战者，立于不败之地，而不失敌之败也。是故胜兵先胜而后求战⑰，败兵先战而后求胜⑱。善用兵者，修道而保法⑲，故能为胜败之政⑳。

兵法：一曰度㉑，二曰量㉒，三曰数㉓，四曰称㉔，五曰胜。地生度㉕，度生量㉖，量生数㉗，数生称㉘，称生胜㉙。故胜兵若以镒称铢㉚，败兵若以铢称镒。胜者之战民也㉛，若决积水于千仞之溪者㉜，形㉝也。

【注释】

①先为不可胜：为，造成，创造。不可胜，使敌人不可能战胜自己。此句意为先创造条件，使敌人不能战胜自己。②以待敌之可胜：待，等待、寻找、捕捉的意思。敌之可胜，指敌人可以被我战胜的时机。③不可胜在己，可胜在敌：指创造不被敌人战胜的条件，在于自己主观的努力，而敌方是否能被战胜，取决于敌方自己的失误，而非我方主观所能决定。④能为不可胜，不能使敌之可胜：能够创造自己不为敌所胜的条件，而不能强令敌人一定具有可能被我战胜的时机。⑤胜可知而不可为：知，预知，预见。为，强求。意为胜利可以预测，却不能强求。⑥不可胜者，守也；可胜者，攻也：意为使敌人不能胜我，在于我方防守得宜；而战胜敌人，则取决于我方进攻得当。⑦守则不足，攻则有余：采取防守的办法，是因为自己的力量处于劣势；采取进攻的办法，是因为自己的力量处于优势。⑧『九地』『九天』句：九，虚数，泛指多，古人常把『九』用来表示数的极点。九地，形容地深不可知；九天，形容天高不可测。此句言善于防守的人，能够隐蔽军队的活动，如藏物于极深之地下，令敌方莫测虚实；善于进攻的人，进攻时能做到行动神速、突然，如同从九霄飞降，出其不意，迅猛异常。⑨自保而全胜：保全自己而战胜敌人。⑩见胜不过众人之所知：见，预见。不过，不超过。众人，普通人。知，认识。⑪举秋毫不为多力：秋毫，兽类在秋天新长的毫毛，比喻极轻微的东西。多力，力量大。⑫闻雷霆不为聪耳：能听到雷霆之声算不上耳朵灵敏。聪，听觉灵敏。⑬胜于易胜者也：战胜容易打败的敌人（指已暴露弱点之敌）。⑭不忒：忒，失误，差错。不忒即没有差错。⑮其所措必胜：措，筹措、措施。此处指采取作战措施。⑯胜已败者也：战胜业已处于失败地位的敌人。⑰胜兵先胜而后求战：胜兵，

胜利的军队。先胜，先创造不可被敌战胜的条件。句意为能取胜的军队，总是先创造取胜的条件，然后才同敌人决战。⑱败兵先战而后求胜：指失败的军队总是开战，然后企求侥幸取胜。⑲修道而保法：道，政治，政治条件。法，法度，法制。意为修明政治，确保各项法制的贯彻落实。⑳故能为胜败之政：政，同正，引申为主宰的意思。为胜败之政，即成为胜败上的主宰。㉑度：指土地幅员的大小。㉒量：容量，数量，指物质资源的数量。㉓数：数量，数目，指兵员的多寡。㉔称：衡量轻重，指敌对双方实力状况的衡量对比。㉕地生度：生，产生，言双方所处地域的不同，产生土地幅员大小不同之『度』。㉖度生量：指因度的大小不同，产生物质资源多少的『量』的差异。㉗量生数：指物质资源多少的不同，产生兵员多寡的『数』的差异。㉘数生称：指兵力多寡的不同，产生军事实力的对比强弱的不同。㉙称生胜：指双方军事实力对比的不同，产生、决定了战争胜负的不同。㉚以镒称铢：镒、铢，皆古代的重量单位。一镒等于24两，一两等于24铢；铢轻镒重，相差悬殊。此处比喻力量相差悬殊，胜兵对败兵拥有实力上的绝对优势。㉛胜者之战民也：战民，指统军指挥士卒作战。民，这里借指士卒、军队。㉜若决积水于千仞之溪者：仞，古代的长度单位，七尺（也有说八尺）为一仞。千仞，比喻极高。溪，山涧。㉝形：指军事实力。

兵势篇

孙子曰：凡治众如治寡①，分数是也②；斗众③如斗寡，形名是也④；三军之众，可使必受敌而无敌⑤者，奇正是也⑥；兵之所知，如以碫投卵⑦者，虚实⑧是也。

凡战者，以正合，以奇胜⑨。故善出奇者，无穷如天地，不竭如江河⑩。终而复始，日月是也；死而复生，四时是也⑪。声不过五⑫，五声之变，不可胜听也⑬。色不过五，五色之变，不可胜观也。味不过五，五味⑭之变，又可胜尝也。战势不过奇正⑮，奇正之变，不可胜穷也。奇正相生⑯，如循环之无端⑰，孰能穷之⑱？

激水之疾⑲，至于漂石⑳者，势㉑也；鸷鸟㉒之疾，至于毁折㉓者，节㉔也。是故善战者，其势险，其节短。势如彍弩㉕，节如发机㉖。

纷纷纭纭㉗，斗乱而不可乱㉘也；浑浑沌沌㉙，形圆而不可败也㉚。乱生于治㉛，怯生于勇，弱生于强㉜。治乱，数也㉝；勇怯，势也；强弱，形也。故善动敌㉞者，形之㉟，敌必从之；予之，敌必取之。以利动之，以卒待之㊱。

故善战者，求之于势，不责于人㊲，故能择人而任势㊳。任势者，其战人也㊴，如转木石。木石之性㊵，安㊶则静，危㊷则动，方则止，圆则行。故善战人之势，如转圆石于千仞之山者，势㊸也。

【注释】

①治众如治寡：治，治理、管理，意为管理人数众多的部队和管理人数很少的部队一样。②分数是也：分数，此处指军队的编制。把整体分为若干部分，就叫分数，这里是指分级分层管理之意。③斗众：指挥人数众多的部队作战。斗，使……战斗（使动用法）。④形名是也：形，指旌旗；名，指金鼓。古战场上，投入兵力众多，分布面积也很宽广，临阵对敌，无从知道主帅的指挥意图和信息，所以设置旗帜，高举于手中，让将士知道前进或后退等，用金鼓来节制将士或进行战斗或终止战斗。⑤必受敌而无敌：必，通毕，意为完全、全部。⑥奇正是也：奇正，古兵法常用术语，指军队作战的特殊战法和常用战法。就兵力部署而言，以正面受敌者为正，以机动突击为奇；就作战方式言，正面进攻为正，侧翼包抄偷袭为奇；以实力围歼为正，以诱骗欺诈为奇等。⑦以碫投卵：碫，《说文》：『厉石也』，即磨刀石，泛指坚硬的石头。以碫投卵，比喻以坚击脆，以实击虚。⑧虚实：古兵法常用术语，指军事实力上的强弱、优劣。有实力为『实』，反之为『虚』；有备为实，无备为『虚』；休整良好为『实』，疲敝松懈为『虚』。此处含有以强击弱、以实击虚的意思。⑨以正合，以奇胜：合，交战，合战。此句意即以正兵合战，以奇兵制胜。⑩无穷如天地，

不竭如江海：喻正奇之变化有如宇宙万物之变化无穷，江河水流之不竭尽。⑪死而复生，四时是也：去而复来，如春、夏、秋、冬四季的更替。⑫声不过五：声，即音乐之最基本的音阶。古代五音之变，不可胜听：即宫、商、角、徵、羽五音。故此言声不过五。⑬五音之变，不可胜听：即宫、商、角、徵、羽五声的变化，听之不尽。变，变化；胜，尽，穷尽之意。⑭五味：指甜、酸、苦、辣、咸五种味道。⑮战势不过奇正：战势，指具体的兵力部署和作战方式。言作战方式归根结底就是奇正的运用。⑯奇正相生：意为奇正之间相互依存、转化。⑰如循环之无端：循，顺着。环，连环。无端，无始无终。言奇正之变化无始无终，永无尽头。⑱孰能穷之：孰，谁。穷，穷尽。之，指奇正相生变化。⑲激水之疾：激，湍急。疾，快，迅猛、急速。⑳漂石：漂，漂移。漂石即移动石头（冲走石头）。㉑势：这里指事物本身态势所形成的内在力量。㉒鸷鸟：鸷，凶猛的鸟，如鹰、雕、鹫之类。㉓毁折：毁伤、捕杀。这里指捕击鸟、兔之类动物。㉔节：节奏。指动作暴发得既迅捷、猛烈，又恰到好处。㉕势如𫸩弩：𫸩，弩弓张满的意思。𫸩弩即张满待发之弩。㉖发机：机，即弩牙。发机即引发弩机的机钮，将弩箭突然射出。㉗纷纷纭纭：纷纷，紊乱无序。纭纭，众多且乱。此指旌旗杂乱的样子。㉘斗乱而不可乱：斗乱，言于纷乱状态中指挥作战。不可乱，言做到有序不乱。㉙浑浑沌沌：混乱迷蒙不清的样子。㉚形圆而不可败也：指摆成圆阵，首尾连贯，与敌作战应付自如，不至失败。㉛乱生于治：示敌混乱，是由于有严整的组织。另一说：混乱产生于严整之中。㉜弱生于强：示敌弱小，是由于本身拥有强大的兵力。另一说：弱可以由强产生。㉝治乱，数也：数，即前言之『分数』，指军队的组织编制，意为军队的治或乱，决定于组织编制是否有序。㉞动敌：调动敌人。㉟形之：形，用作动词即示形、示敌以形。指用假象迷惑欺骗敌人，使其判断失误。㊱以卒待之：用重兵伺机破敌。卒，士卒，此处可理解为伏兵、重兵。㊲求之于势，不责于人：责，求。此句言当追求有利的作战态势，而不是苛求下属。㊳择人而任势：择，选择，任，任用、利用、掌握、驾驭的意思。㊴其战人也：指挥士卒作战。

与前《军形篇》中之「战民」义同。㊵木石之性：木石的特性。性，性质、特性。㊶安：安稳，这里指平坦的地势。㊷危：高峻、危险，此处指地势高峻陡峭。㊸势：是指在「形」（军事实力）的基础上，发挥将帅的主观作用，因而造成的有利作战态势。

虚实篇

孙子曰：凡先处战地而待敌者佚①，后处战地而趋战者劳②。故善战者，致人而不致于人③。能使敌人自至者，利之也④；能使敌人不得至者，害之也⑤。故敌佚能劳之⑥，饱能饥之，安能动之⑦。

出其所不趋⑧，趋其所不意。行千里而不劳者，行于无人之地也⑨；攻而必胜者，攻其所不守也⑩；守而必固者，守其所不攻也⑪。故善攻者，敌不知其所守；善守者，敌不知其所攻⑫。微乎微乎，至于无形⑬；神乎神乎，至于无声⑭。故能为敌之司命⑮。

进而不可御者，冲其虚也⑯；退而不可追者，速而不可及也⑰。故我欲战，敌虽高垒深沟，不得不与我战者，攻其所必救也⑱；我不欲战，画地而守之⑲，敌不得与我战者，乖其所之也⑳。

故形人而我无形㉑，则我专而敌分㉒；我专为一，敌为分十，是以十攻其一也㉓，则我众而敌寡；能以众击寡者，则吾之所与战者约矣㉔。吾所与战之地不可知㉕，不可知，则敌所备者多；敌所备者多，则吾所与战者寡矣㉖。故备前则后寡，备后则前寡；备左则右寡，备右则左寡；无所不备，则无所不寡㉗。寡者，备人者也㉘；众者，使人备己者也㉙。

故知战之地，知战之日，则可千里而会战㉚；不知战地，不知战日，则左不能救右，右不能救左，前不能救后，后不能救前，而况远者数十里，近者数里乎㉛？以吾度之㉜，越人之兵虽多㉝，亦奚益于胜败哉㉞？故曰：胜可为也㉟。敌虽众，可使无斗㊱。

故策之而知得失之计㊲，作之而知动静之理㊳，形之而知死生之地㊴，角之而知有余不足之处㊵。故形兵之极，至于无形㊶；无形，则深间不能窥，智者不能谋㊷。因形而错胜于众㊸，众不能知；人皆知我所以胜之形㊹，而莫知吾所以制胜之形㊺。故其战胜不复㊻，而应形于无穷㊼。

夫兵形象水㊽，水之形，避高而趋下；兵之形，避实而击虚㊾。水因地而制流，兵因敌而制胜㊿。故兵无常势，水无常形(51)；能因敌变化而取胜者，谓之神(52)。故五行无常胜(53)，四时无常位(54)，日有长短，月有死生(55)。

【注释】

①凡先处战地而待敌者逸：处，占据。佚，即逸，指安逸、从容。此句言在作战中，若能率先占据战地，就能使自己处于以逸待劳的主动地位。②后处战地而趋战者劳：趋，奔赴。此处为仓促之意。趋战，仓促应战，此句意为作战中若后据战地仓促应战，则疲劳被动。③致人而不致于人：致，招致、引来。致人，调动敌人。致于人，为敌人所调动。④能使敌人自至者，利之也：利之，以利引诱。意谓能使敌人自来，乃是以利引诱的缘故。⑤能使敌人不得至者，害之也：害，妨害，阻挠之意。此言能使敌人不得到达战地，乃是牵制敌人的结果。⑥劳之：劳，使之疲劳。⑦安能动之：言敌若固守，我就设法使它移动。⑧出其所不趋：出，出击。出兵要指向敌人无法救援的地方，即击其空虚。不，这里当作『无法、无从』之意。⑨行千里而不劳者，行于无人之地也：无人之地，喻敌虚懈无备之处。意谓我行军千里而不致劳累，乃因行于敌虚懈无备处之故。⑩攻而必取者，攻其所不守：言出击而必能取胜，是由于所出击的是敌人防守空虚之地。⑪守而必固者，守其所不攻也：言防守必定巩固，因为所守之处是敌人无法攻取的地方。⑫故善攻者，敌不知其所守；善守者，敌不知其所攻：此句谓善于进攻的军队，敌人不知防守何处；善于防守的军队，敌人不知进攻何处。⑬微乎微乎，至于无形：微，微妙。此句谓虚实运用微妙极致，则无形可睹。

⑭神乎神乎，至于无声：神，神奇，神妙。意为虚实运用神奇之至，则无声息可闻。⑮司命：命运之主宰者。⑯进而不可御者，冲其虚也：御，抵御。冲，攻击，袭击。虚，虚懈之处。此言我军进击而敌无法抵御，是由于攻击点正是敌之虚懈处。⑰退而不可追者，速而不可及也：速，迅速、神速。及，赶早、追上。此句意为我军后撤而敌不能追击，是由于我后撤迅速，敌追赶不及。因此，撤退的主动权也操于我手。⑱故我欲战……攻其所必救也：必救，必定救援之处，喻利害攸关之地。此句意为由于我已把握了战争主动权，故当我欲与敌进行决战时，敌不得不从命。之所以如此，是我所选择的攻击点，是敌之要害处。⑲画地而守之：画，界限，指画出界线。画地而守，即据地而守，喻防守颇易。⑳乖其所之也：乖，违，相反，此处有改变、调动的意思。之，往，去。句意谓调动敌人，将其引往他处。㉑故形人而我无形：形人，使敌人现形。形，此处作动词，显露的意思。我无形，即我无形迹（隐蔽真形）。㉒我专而敌分：我专一（集中）而敌分散。㉓是以十攻其一也：指我军在局部上对敌拥有以十击一的绝对优势。㉔吾之所与战者约矣：约，少、寡。此句言能以众击寡，则我欲击之敌必定弱小有限，难以作为。㉕吾所与战之地不可知：即我准备与敌作战之战场地点敌无从知晓。㉖不可知，则敌所备者多；敌所备者多，则吾所与战者寡矣：此句意为我与敌欲战之地敌既无从知晓，就不得不多方防备，这样，敌之兵力势必分散；敌之兵之既已分散，则与我局部交战之敌就弱小且容易战胜了。㉗无所不备，则无所不寡：即言如果处处设防，必然是处处兵力寡弱，陷入被动。㉘寡者，备人者也：言兵力之所以相对薄弱，在于分兵备敌。㉙众者，使人备己者也：言兵力所以占有相对优势，是因为迫使对方分兵备战。㉚故知战之地，知战之日，则可千里而会战：如能预先了解掌握战场的地形条件与交战时间，则可以赴千里与敌交战。㉛不知战地……近者数里乎：言若不能预先知道战场的条件与作战之时机，则前、后、左、右自顾不暇，不及相救，何况作战行动往往是在数里甚至数十里方圆范围内展开的。㉜以吾度之：度，推测，推断。

㉝越人之兵虽多：越人之兵，越国的军队。春秋时期，晋、楚争霸，晋拉拢吴以牵制楚国，楚则利用越来抗衡吴国，吴、越之间长期征伐无已。孙子为吴王论兵法，自然以越国为吴的假想作战对象。㉞亦奚益于胜败哉：奚，何，岂。益，补益，帮助。谓越国军队人数虽众，然不能知众寡分合的运用，则岂利于其取胜之企图？㉟胜可为也：为，造成、创造、争取之意。即言胜利可以积极造成。《军形篇》中，孙子从战争之客观规律角度发论，曰：『胜可知而不可为。』此处从主观能动性角度发论，认为只要充分发挥主观能动性，胜利是可以造成的，即言『胜可为』，两者之间并不矛盾。㊱敌虽众，可使无斗：言敌人虽多，然而因我拥有主动权，因而我方能创造条件，使敌无法与我较量。㊲策之而知得失之计：策，策度，筹算。得失之计，即敌计之得失优劣。此言我当仔细筹算，以了解判断敌人作战计划之优劣。㊳作之而知动静之理：作，兴起，此处指挑动。动静之理，指敌人的活动规律。意为挑动敌人，借以了解其活动的一般规律。㊴形之而知死生之地：形之，以伪形示敌。死生之地，指敌之优势所在或薄弱环节、致命环节。地，同下文『处』，非实指战地。言以示形于敌的手段，来了解敌方的优劣环节。㊵角之而知有余不足之处：角，量，较量。有余，指实、强之处。不足，指虚、弱之处。此言要通过对敌做试探性较量，来掌握敌人虚实强弱情况。㊶故形兵之极，至于无形：形兵，指军队部署过程中的伪装佯动。言我示形于敌，使敌不得其真，以至形迹俱无。㊷深间不能窥，智者不能谋：间，间谍，深间，指隐藏极深的间谍。窥，刺探，窥视。示形佯动达到最高境界，则敌之深间也无从推测底细，聪明的敌人也束手无策。㊸因形而错胜于众：因，由，依据。因形，根据敌情而灵活应变。错，同措，放置、安置之意。言依据敌情而取胜，将胜利置于众人面前。㊹人皆知我所以胜之形：人们只知道我克敌制胜的情况。形，形状、形态，这里指作战方式方法。㊺而莫知吾所以制胜之形：可是无从得知如何克敌取胜的内在奥妙。制胜之形，取胜的奥妙、规律。㊻故其战胜不复：复，重复。言克敌制胜的手段不曾重复。㊼应形于无穷：应，

适应。形，形状、形态，此处特指敌情。㊽兵形象水：此言用兵的规律如同水的运动规律一样。兵形，用兵打仗的方式方法，亦可理解为用兵的规律。㊾兵之形，避实而击虚：即言用兵的原则是避开敌人坚实之处，攻击其空虚薄弱的地方。㊿水因地而制流，兵因敌而制胜：制，制约，决定。制胜，制服敌人以取胜。此句意为水之流向受地形高低不同的制约，作战中的取胜方法则依据敌情不同来决定。[51]兵无常势，水无常形：即言用兵打仗无固定刻板的态势，似流水一般并无一成不变之形态。势，态势。常势，固定永恒的态势。常形，一成不变的形态。[52]因敌变化而取胜者，谓之神：意谓若能依据敌情变化而灵活处置以取胜，则可视之为用兵如神。[53]故五行无常胜：五行，木、火、土、金、水。古代认为这是物质组成的基本元素。战国五行学说认为这五种元素的彼此关系是相生又相胜（相克）的。孙子此言谓其相生相克间变化无定数，如用兵之策略奇妙莫测。[54]四时无常位：四时，指四季。常位，指一定的位置。此言春、夏、秋、冬四季推移变换永无止息。[55]日有长短，月有死生：日，指白昼。死生，指月盈亏晦明的月相变化。句意谓白昼因季节变化有长有短，月亮因循环而有盈亏晦明。此处孙子言五行、四时及日月变化，均是『兵无常势，盈缩随敌』之意。

军争篇

孙子曰：凡用兵之法，将受命于君，合军聚众①，交和而舍②，莫难于军争③。军争之难者，以迂为直，以患为利④。故迂其途而诱之以利⑤，后人发，先人至⑥，此知迂直之计者也⑦。

故军争为利，军争为危⑧。举军而争利则不及⑨，委军而争利则辎重捐⑩。是故卷甲而趋⑪，日夜不处⑫，倍道兼行⑬，百里而争利，则擒三将军⑭，劲者先，疲者后，其法十一而至⑮；五十里而争利，则蹶上将军⑯，其法半至⑰；三十里而争利，则三分之二至⑱。是故军无辎重则亡⑲，无粮食则亡，无委积则亡⑳。

故不知诸侯之谋者，不能豫交㉑；不知山林、险阻、沮泽㉒之形者，不能行军；不用乡导㉓者，不能得地利。故兵以诈立㉔，以利动㉕，以分合为变㉖者也。故其疾如风㉗，其徐如林㉘，侵掠如火㉙，不动如山㉚，难知如阴㉛，动如雷震㉜。掠乡分众㉝，廓地分利㉞，悬权而动㉟。先知迂直之计者胜㊱，此军争之法也。

《军政》㊲曰：『言不相闻，故为金鼓㊳；视不相见，故为旌旗㊴。』夫金鼓、旌旗者，所以一人之耳目也㊵。人既专一㊶，则勇者不得独进，怯者不得独退，此用众之法也㊷。故夜战多火鼓，昼战多旌旗，所以变人之耳目也㊸。

故三军可夺气㊹，将军可夺心㊺。是故朝气锐，昼气惰，暮气归㊻。故善用兵者，避其锐气，击其惰归㊼，此治气者也㊽。以治待乱㊾，以静待哗㊿，此治心者也(51)。以近待远，以逸待劳，以饱待饥，此治力者也(52)。无邀正正之旗(53)，勿击堂堂之陈(54)，此治变者也(55)。

故用兵之法：高陵勿向(56)，背丘勿逆(57)，佯北勿从(58)，锐卒勿攻(59)，饵兵勿食(60)，归师勿遏(61)，围师必阙(62)，穷寇勿迫(63)，此用兵之法也。

【注释】

①合军聚众：合，聚集、集结。此句意为征集民众，组织军队。②交和而舍：两军营垒对峙而处。交，接触。和，和门，即军门。两军军门相交，即两军对峙。舍，驻扎。③莫难于军争：于，比。军争，两军争夺胜的有利条件。④以迂为直，以患为利：迂，曲折迂回。直，近便的直路。意为将迂回的道路变成直达的道路，把不利的（害处）变为有利的。⑤故迂其途而诱之以利：『其』『之』均指敌人。迂，此处是使动用法。前句就我军而言，此句就敌而言。战争时既要使自己『以迂为直，以患为利』，也要善于使敌以直为迂，以利为患。而达到这一目的，在于以利引诱敌人，使其行迂趋患，陷入困境。⑥后人发，先人至：比敌人后出动，却先抵达要争夺的要地。⑦此知迂直之计者也：知，这里

是掌握的意思。计，方法、手段。⑧军争为利，军争为危：为，这里作『是』『有』解。此句意为军争既有有利的一面，也有不利的一面。⑨举军而争利则不及：举，全、皆。率领全部携带装备辎重的军队前去争利则不能按时到达。不及，不能按时到达预定地点。⑩委军而争利辎重捐：委，丢弃、舍弃。辎重，包括军用器械、营具、粮秣、服装等，捐，弃、损失。句意谓如果扔下一部分军队去争利，则装备辎重将会受到损失。⑪卷甲而趋：卷，收、藏的意思。甲，铠甲。趋，快速前进。意谓卷甲束杖急速进军。⑫日夜不处：处，犹言止、息。『日夜不处』即夜以继日，不得休息。⑬倍道兼行：倍道，行程加倍；兼行，日夜不停。⑭擒三将军：擒，俘虏、擒获。三将军，三军的将帅。此句意为若奔赴百里，一意争利，则三将的将领会成为敌之俘虏。⑮劲者先，疲者后，其法十一而至：意谓士卒身强力壮者先到，疲弱者滞后掉队，这种做法只有十分之一兵力能到位。⑯五十里而争利，则蹶上将军：奔赴五十里而争利，则前军将领会受挫折。蹶，失败，损折。上将军，指前军、先头部队的将帅。⑰其法半至：通常的结果是部队只能有半数到位。⑱三十里而争利，则三分之二至：奔赴三十里以争利，则士卒也仅能有三分之二到位。⑲军无辎重则亡：军队没有随行的兵器、器械则不能生存。⑳无委积则亡：委积，指物资储备。军队没有物资储备做补充，亦不能生存。㉑不知诸侯之谋者，不能豫交：谋，图谋、谋划。豫，通与，参与。句意为不知诸侯列国的谋划、意图，则不宜与其结交。㉒沮泽：水草丛生之沼泽地带。㉓乡导：即向导，熟悉本地情况之带路人。㉔兵以诈立：立，成立，此处指成功、取胜。此言用兵打仗当以诡诈多变取胜。㉕以利动：言用兵打仗以利益大小为行动准则。㉖以分合为变：分，分散兵力；合，集中兵力。言用兵打仗当灵活处置兵力的分散或集中。㉗其疾如风：行动迅速，如狂风之疾。㉘其徐如林：言军队行列整肃，舒缓如林木之森森然。徐，舒缓。㉙侵掠如火：攻击敌军恰似烈火之燎原，不可抵御。侵，越境进犯。掠，掠夺物资。侵掠，此处意为攻击。㉚不动如山：言防守似山岳之固，不可撼动。㉛难知如阴：隐蔽真形，使敌莫测。有如阴云蔽日不辨辰象。㉜动如雷震：

行动犹如迅雷。㉝掠乡分众：乡，古代地方行政组织。此句说，掠取敌乡粮食、资财要兵分数路。㉞廓地分利：此句言应开土拓境，扩大战地，分兵占领扼守有利地形。廓，同扩，开拓、扩展之意。㉟悬权而动：权，秤锤，用以称物轻重。这里借作衡量、权衡利害、虚实之意。此言权衡利弊得失而后采取行动。㊱先知迂直之计者胜：意为率先掌握『迂直之计』的，能取得胜利。㊲《军政》：古兵书，已失传。㊳言不相闻，故为金鼓：为，设、置。金鼓，古代用来指挥军队进退的号令设施，擂鼓进兵，鸣金收兵。㊴视不相见，故为旌旗：旌旗，泛指旗帜。㊵所以一人之耳目也：意谓金鼓、旌旗之类，是用来统一部卒的视听、统一军队行动的。人，指士卒、军队。一，统一。㊶人既专一：专一，同一、一致。谓士卒一致听从指挥。㊷此用众之法也：用众，动用、驱使众人，也即指挥人数众多的军队。法，法则、方法。㊸夜战多火鼓，昼战多旌旗，所以变人之耳目也：变，适应。此句意为根据白天和黑夜的不同情况来变换指挥信号，以适应士卒的视听需要。㊹故三军可夺气：夺，此处作失解。气，指旺盛勇锐之士气。意谓三军旺盛勇锐之气可以挫伤使之衰竭。㊺将军可夺心：夺，这里是动摇之意。指将帅的意志和决心可以设法使之动摇。㊻朝气锐，昼气惰，暮气归：朝，早晨。锐，锋锐。昼，白天。惰，懈怠。暮，傍晚。归，止息，衰竭。此句言士气变化之一般规律：开始作战时士气旺盛，锐不可当，经过一段时间后，士气逐渐懈怠，到了后期士气就衰竭了。㊼避其锐气，击其惰归：避开士气旺盛之敌，打击疲劳沮丧、士气衰竭之敌。㊽此治气者也：治，此处作掌握解。意谓这是掌握运用士气变化的通常规律。㊾以治待乱：以严整有序之己对付混乱不整之敌。治，整治。待，对待。㊿以静待哗：以自己的沉着镇静对付敌人的轻躁喧动。哗，鼓噪喧哗，指骚动不安。(51)此治心也：此乃掌握利用将帅心理的通常法则。(52)此治力者也：此乃掌握运用军队战斗力的基本方法。(53)无邀正正之旗：邀，迎击，截击。正正，严整的样子。意为勿迎击旗帜整齐、部署周密的敌人。(54)勿击堂堂之陈：陈，同阵。堂堂，壮大。即不要去攻击阵容壮大、实力雄厚的敌人。(55)此治变者也：

言此乃掌握机动应变的一般方法。[56]高陵勿向：高陵，高山地带。向，仰攻。即对已经占领了高地的敌人，我军不要去进攻。[57]背丘勿逆：背，倚托之意。逆，迎击。言敌人如果背倚丘陵险阻，我军就不要去正面进攻。[58]佯北勿从：佯，假装。北，败北，败逃。从，跟随。言敌人如是伪装败退，我军就不要去追击。[59]锐卒勿攻：锐卒，士气旺盛的敌军。意谓敌人的精锐部队，我军不要去攻击。[60]饵兵勿食：此谓敌人若以小利作饵引诱我军，则不要去理睬它。[61]归师勿遏：遏，阻击。对于正在向本国退还的敌师，不要去正面阻击它。[62]围师必阙：阙，同缺。在包围敌军作战时，当留有缺口，避免使敌作困兽之斗。[63]穷寇勿迫：指对陷入绝境之敌，不要加以逼迫，以免其拼死挣扎。

九变①篇

孙子曰：凡用兵之法，将受命于君，合军聚众，圮地无舍②，衢地交合③，绝地无留④，围地则谋⑤，死地⑥则战。

涂有所不由⑦，军有所不击⑧，城有所不攻⑨，地有所不争⑩，君命有所不受⑪。故将通于九变之地利者，知用兵矣⑫；

将不通于九变之利者，虽知地形，不能得地之利矣⑬。治兵不知九变之术⑭，虽知五利⑮，不能得人之用矣⑯。

是故智者之虑⑰，必杂于利害⑱。杂于利而务可信也⑲，杂于害而患可解也⑳。

是故屈诸侯者以害㉑，役诸侯者以业㉒，趋诸侯者以利㉓。

故用兵之法，无恃其不来，恃吾有以待也㉔；无恃其不攻，恃吾有所不可攻也㉕。

故将有五危：必死，可杀也㉖；必生，可虏也㉗；忿速，可侮也㉘；廉洁，可辱也㉙；爱民，可烦也㉚。凡此五者，将之过也，用兵之灾也。覆军杀将㉛，必以五危㉜，不可察也。

【注释】

①九变：九，数之极。九变，多变之意。这里指在军事行动中针对外界的特殊情况，灵活运用一般原则，做到

应变自如而不是墨守成规。②圮地无舍：圮，毁坏、倒塌。圮地，指难于通行之地。舍，止，此处指宿营。圮地无舍即在难以通行的山林、险阻沼泽等地不可宿营。③衢地交合：衢，四通八达，衢地即四通八达之地。交合，指结交邻国以为后援。④绝地无留：绝地，难以生存之地。句意为遇上绝地，不要停留。⑤围地则谋：围地，指进退困难、易被包围之地。谋，即设定奇妙之计谋。在易于被围之地，要设奇计摆脱困难。⑥死地：进则无路，退亦不能，非经死战则难以生存之地。⑦涂有所不由：涂，即途，道路。由，从，通过。此言有的道路不要通过。⑧军有所不击：指有的军队不宜攻击。⑨城有所不攻：有的城邑不应攻取它。⑩地有所不争：有些地方可以不去争夺。⑪君命有所不受：有时君主的命令也可以不接受。此句之前提，指上述『涂有所不由……』等四种情况。⑫故将通于九变之地利者，知用兵矣：将帅如果能通晓九种地形的利弊及其处置，就懂得如何用兵作战了。通，通晓、精通。⑬将不通于九变之利者，虽知地形，不能得地之利矣：将帅如果不通晓九变的利弊，即使了解地形，也不能从中获得帮助。⑭九变之术：九变的具体手段和方法。⑮五利：指『涂有所不由』至『君命有所不受』等五事之利。⑯不能得人之用矣：指不能够充分发挥军队的战斗力。⑰智者之虑：聪明的将帅思考问题。虑，思虑，思考。⑱必杂于利害：必然充分考虑和兼顾到有利与有害两个方面。杂，混合，掺杂，这里有兼顾之意。⑲杂于利而务可信也：务，任务，事务。信，同伸，伸张，舒展，这里有完成之意。句意为如果考虑到事物的有利的一面，则可完成战斗任务。⑳杂于害而患可解也：意谓在有利情况下考虑到不利的因素，祸患便可消除。解，化解、消除。㉑屈诸侯者以害：指用敌国所厌恶的事情去伤害它从而使它屈服。屈，屈服，屈从，这里作动词用。诸侯，此处指敌国。㉒役诸侯者以业：指用危险的事情去烦劳敌国而使之疲于奔命，穷于应付。业，事也，此处特指危险的事情。㉓趋诸侯者以利：趋，奔赴，奔走，此处做使动用法。句意指用小利引诱调动敌人，使之奔走无暇。（一说以利动敌，使之追随归附自己。）㉔无恃其不来，恃吾有以待也：恃，倚仗，依赖，寄希望。意为不要寄希望于敌人不来，而要依靠自己做好了充分的准备。

㉕无恃其不攻，恃吾有所不可攻也：不要寄希望于敌人不来进攻，而要依靠自己具备强大实力，使得敌人不敢来进攻。㉖必死，可杀也：必，坚持、固执之意。句言坚持死拼，则有被杀的危险。㉗必生，可虏也：言将帅若一味贪生，则不免沦为战俘。㉘忿速，可侮也：忿，愤怒、忿满。速，快捷、迅速，这里指急躁、偏激。句言将帅如果急躁易怒，遇敌轻进，就有中敌人轻侮之计的危险。㉙廉洁，可辱也：将帅如果过于洁身清廉，自矜名节，就有受辱的危险。㉚爱民，可烦也：将帅如果溺于爱民，不审度利害，不知从全局把握问题，就易为敌所乘，有被动麻烦的危险。㉛覆军杀将：使军队覆灭，将帅被杀。覆，覆灭、倾覆。覆、杀均为使动用法。㉜必以五危：必，一定，肯定。以，由、因的意思。五危，指上述『必死』『必生』等五事。言『覆军杀将』都是由这五种危险引起的，不可不充分注意。

行军篇

孙子曰：凡处军①、相敌②：绝山依谷③，视生处高④，战隆无登⑤，此处山之军也。绝水必远水⑥；客⑦绝水而来，勿迎之于水内，令半济而击之⑧，利；欲战者，无附于水而迎客⑨；视生处高，无迎水流⑩，此处水上之军也。绝斥泽⑪，惟亟去无留⑫；若交军于斥泽之中⑬，必依水草而背众树⑭，此处斥泽之军也。平陆处易而右背高⑮，前死后生⑯，此处平陆之军也。凡此四军⑰之利，黄帝之所以胜四帝也⑱。

凡军好高而恶下⑲，贵阳而贱阴⑳，养生而处实㉑，军无百疾，是谓必胜。丘陵堤防，必处其阳而右背之㉒。此兵之利，地之助也㉓。上雨，水沫至，欲涉者，待其定也㉔。凡地有绝涧㉕、天井㉖、天牢㉗、天罗㉘、天陷㉙、天隙㉚，必亟去之，勿近也。吾远之，敌近之；吾迎之，敌背之㉛。军行有险阻㉜、潢井㉝、葭苇㉞、山林、翳荟者㉟，必谨复索之㊱，此伏奸之所处也㊲。

敌近而静者，恃其险也；远而挑战者，欲人之进也；其所居易者，利也[38]；众树动者，来也；众草多障者，疑也[39]；鸟起者，伏也[40]；兽骇者，覆也[41]。尘高而锐者，车来也[42]；卑而广者，徒来也[43]；散而条达者，樵采也[44]；少而往来者，营军也[45]。辞卑而益备者，进也[46]；辞强而进驱者，退也[47]；轻车先出居其侧者，陈也[48]；无约而请和者，谋也[49]；奔走而陈兵车者，期也[50]；半进半退者，诱也[51]。杖而立者，饥也[52]；汲而先饮者，渴也[53]；见利而不进者，劳也[54]。鸟集者，虚也[55]；夜呼者，恐也[56]；军扰者，将不重也[57]；旌旗动者，乱也[58]；吏怒者，倦也[59]；粟马肉食[60]，军无悬缻[61]，不返其舍[62]者，穷寇也。谆谆翕翕[63]，徐与人言者[64]，失众也；数赏者，窘也[65]；数罚者，困也[66]；先暴而后畏其众者[67]，不精之至也[68]；来委谢者[69]，欲休息也[70]。兵怒而相迎，久而不合[71]，又不相去，必谨察之。

兵非益多也[72]，惟无武进[73]，足以并力、料敌、取人而已[74]；夫惟无虑而易敌[75]者，必擒于人。

卒未亲附而罚之则不服[76]，不服则难用也；卒已亲附而罚不行，则不可用也。故令之以文，齐之以武[77]，是谓必取[78]。令素行以教其民[79]，则民服；令不素行以教其民，则民不服。令素行者，与众相得也[80]。

【注释】

①处军：行军、宿营、处置军队，即在各种不同地形条件下，军队行军、作战、驻扎诸方面的处置对策。处，处置、安顿、部署的意思。②相敌：相，观察。相敌即为观察、判断敌情。③绝山依谷：绝，越度、穿越。指通过山地，要傍依溪谷行进。④视生处高：视，看，审察，这里是面向的意思。生，生处、生地，此处指向阳地带。处高，即居高之意。视生处高，指面朝阳，居隆高之地。⑤战隆无登：隆，重，高地。登，攀登。言在隆高之地与敌作战，不宜自下而上仰攻。⑥绝水必远水：意谓横渡江河，一定要在离江河稍远处驻扎。⑦客：指敌军，下同。⑧勿迎之于水内，令半济而击之：迎，迎击。水内，水边。济，渡。半济，指渡过一半。此句谓不要在敌军刚到水边时迎击，

而要让敌军渡到一半时发动攻击。此时敌军首尾不接，队列混乱，攻之容易取胜。⑨无附于水而迎客：不要在挨近江河之处同敌人作战。无，勿；附，靠近。⑩无迎水流：即勿居下游。此指不要把军队驻扎在河下游处，以防敌人决水、投毒。⑪绝斥泽：斥，盐碱地。泽，沼泽地。绝斥泽即通过盐碱沼泽地带。⑫惟亟去无留：惟，宜，应该。亟，急，迅速。去，离开。意谓遇到盐碱沼泽地带，应当迅速离开，切莫停留驻军。⑬若交于军斥泽之中：如果在盐碱沼泽地带与敌作战。交军，两军相交，指同敌军交战。⑭必依水草而背众树：指一定要依近水草并背靠树林。依，依近。背，背靠、倚托之意。⑮平陆处易而右背高：指遇开阔地带，也应选择平坦之处安营，并把军队翼侧部署在高地之前，以高地为倚托。平陆，开阔的平原地带。易，平坦之地。右，指军队翼侧。右背高，指军队翼侧要后背高地以为依托。⑯前死后生：即前低后高。生、死，此处指地势高低，以高为生，以低为死。本句意谓在平原地带作战，也要做到背靠山险而面向平易。⑰四军：指上述山地、江河、盐碱沼泽地、平原四种地形条件下的处军原则。⑱黄帝之所以胜四帝也：这就是黄帝能战胜四方部族首领的缘由。黄帝是传说中的汉族祖先，部族联盟首领。传说他曾败炎帝于阪泉，诛蚩尤于涿鹿，北逐獯鬻（荤粥），统一了黄河流域。四帝，四方蚩之帝，即周边部族联盟的首领。一般泛指炎帝、尤等人。⑲好高而恶下：即喜欢高处而讨厌低处。好，喜欢。恶，讨厌。⑳贵阳贱阴：贵，重视。阳，向阳干燥的地方。贱，轻视。阴，背阴潮湿的地方。句意为看重向阳之处而鄙视阴湿地带。㉑养生而处实：指军队要选择水草和粮食充足、物资供应方便的地域驻扎。养生，指水草丰盛、粮食充足，能使人马得以休养生息。处实，指军需物资供应便利。㉒必处其阳而右背之：指置军于向阳之地并使其主要侧翼背靠高地。㉓地之助：意谓得自地形的辅助。㉔上雨，水沫至，欲涉者，待其定也：上，指上游；沫，水上草木碎末。涉，原意为徒步淌水，这里泛指渡水。定，指水势平稳。㉕绝涧：指两岸峭峻、水流其间的险恶地形。㉖天井：指四周高峻、中间低洼的地形。

㉗天牢：牢，牢狱。天牢即是对山险环绕、易进难出的地形的形象描述。㉘天罗：罗，罗网。指荆棘丛生，军队进入后如陷罗网无法摆脱的地形。㉙天陷：陷，陷阱。指地势低洼、泥泞易陷的地带。㉚天隙：隙，狭隙，指两山之间狭窄难行的谷地。㉛吾远之，敌近之。吾迎之，敌背之：意谓对于上述「绝涧」等「六害」地形，我们要远离它，正对它，而让敌军去接近它，背靠它。㉜军行有险阻：险阻，险山大川阻绝之地。㉝潢井：潢，积水池。井，指内涝积水、洼陷之地。潢井即指积水低洼之地。㉞葭苇：芦苇，这里泛指水草丛聚之地。㉟山林、翳荟：指山林森然，草木繁茂。㊱必谨复索之：一定要仔细、反复地进行搜索。谨，谨慎。复，反复。索，搜索、寻找。㊲此伏奸之所处也：指『险阻』『潢井』等处往往是敌人伏兵或奸细的藏身之处。㊳其所居易者，利也：敌军在平地上驻扎，是因为有利（进退便利）才这样做。易，平易，指平地。㊴众草多障者，疑也：在杂草丛生之处设下许多障碍，是企图使我方迷惑。疑，使动用法，使迷惑，使困疑之意。㊵鸟起者，伏也：鸟雀惊飞，是其下有着伏兵。伏，埋伏，伏兵。㊶兽骇者，覆也：野兽受惊奔跑，这是敌军大举袭来。骇，惊骇、受惊。覆，倾覆、覆没之意。引申为铺天盖地而来。㊷尘高而锐者，车来也：尘土高扬笔直上长，这是敌人兵车驰来。锐，锐直、笔直。车，兵车。㊸卑而广者，徒来也：尘土低而宽广，这是敌人的步兵开来。卑，低下。广，宽广。徒，步兵。㊹散而条达者，樵采也：尘土散漫而细长，时断地续，这是敌人在砍薪伐柴。条达，指飞扬的尘土分散而细长。㊺少而往来者，营军也：尘土稀少而此起彼落，是敌军在察看地形，准备安营扎寨。㊻辞卑而益备者，进也：敌人措辞谦卑恭顺，同时又加强战略，这表明敌人准备进犯。卑，卑谦、恭敬。益，更加之意。㊼辞强而进驱者，退也：敌人措辞强硬，在行动上又示以驰驱进逼之姿态，这是其准备后撤。㊽轻车先出居其侧者，陈也：轻车，战车。陈，同阵，即布阵。句意为战车先出摆在侧翼，是在布列阵势。㊾无约而请和者，谋也：敌人还没有陷入困境却主动前来请和，其中必有阴谋。约，困屈、受制之意。

㊿奔走而陈兵车者，期也：敌人急速奔走、摆开兵车阵势的，是期求与我进行作战。期，期求。(51)半进半退者，诱也：敌人似进不进，似退不退，是为了诱我入其圈套。(52)杖而立者，饥也：言倚着兵器而站立，是饥饿的表现。杖，同仗，扶、倚仗的意思。(53)汲而先饮者，渴也：取水的人自己先喝，这是干渴的表现。汲，汲水，打水。(54)见利而不进者，劳也：眼见有利可图而军队不前进，说明敌军已疲劳。(55)鸟集者，虚也：鸟雀群集敌营，表明敌营空虚无人。(56)夜呼者，恐也：军卒夜间惊呼，这是敌军惊恐不安的象征。(57)军扰者，将不重也：敌营惊扰纷乱，是将领不够持重的缘故。(58)旌旗动者，乱也：敌军旗帜不停地摇动，表明敌人已经混乱了。(59)吏怒者，倦也：敌军官烦躁易怒，表明士卒已疲倦，不听指挥了。(60)粟马食肉：粟，粮谷，这里作动词用，意为喂马。粟马食肉，拿粮食喂马，杀牲口食肉。(61)军无悬缻：缻同『缶』，汲水用的罐子，泛指炊具。此句言敌军已收拾起了炊具。(62)舍：指军营。(63)谆谆翕翕：恳切和顺的样子。(64)徐与人言者：意谓语调和缓地同士卒商谈。徐，缓缓温和的样子。人，此处指士卒。(65)数赏者，窘也：敌军一再犒赏士卒，说明其处境窘迫。数，多次、反复。窘，窘迫、困窘。(66)数罚者，困也：敌军一再处罚士卒，表明其已经陷入困境。(67)先暴而后畏其众者：指将帅开始对士卒粗暴，继而又惧怕士卒者。(68)不精之至也：不精明到了极点。(69)委谢者：委派人质来赔礼的。谢，道歉、谢罪。(70)欲休息也：指敌人欲休兵息战。(71)久而不合：合，指交战，久而不合即久而不战之意。(72)兵非益多也：兵员并不是越多越好。益多，即以多为益。(73)惟无武进：意为只是不要恃武冒进。惟，独，只是。武进，恃勇轻进。(74)足以并力、料敌、取人而已：指能做到集中兵力、正确判断敌情、争取人心则足矣。并力，集中兵力。料敌，观察判断敌情。取人，争取人心，善于用人。(75)无虑而易敌：没有深谋远虑而无端蔑视敌手。易，轻视，蔑视。(76)卒未亲附而罚之则不服：在士卒还未亲近依附之前就施用刑罚，士卒就会怨愤不服。(77)故令之以文，齐之以武：令，教育。文，指政治道义。齐，整饬，规范。武，指军纪军法。此句的意思是用政治、道义来教育士卒，

用军纪军法来统一、整饬部队。⑦⑧是谓必取：指用兵打仗一定能取胜。⑦⑨令素行以教其民：令，法令规章。素，平常，平时。行，实行，执行。民，这里主要指士卒、军队。⑧⓪令素行者，与众相得也：意谓军纪军令平素能够顺利执行的，是因为军队统帅同兵卒之间相处融洽。得，亲和。相得，指关系融洽。

地形篇

孙子曰：地形有通者①，有挂者②，有支者③，有隘者④，有险者⑤，有远者⑥。我可以往，彼可以来，曰通；通形者，先居高阳⑦，利粮道⑧，以战则利⑨。可以往，难以返，曰挂；挂形者，敌无备，出而胜之；敌若有备，出而不胜，难以返，不利⑩。我出而不利，彼出而不利⑪，曰支；支形者，敌虽利我⑫，我无出也；引而去之⑬，令敌半出而击之⑭，利。隘形者，我先居之，必盈之以待敌⑮；若敌先居之，盈而勿从，不盈而从之⑯。险形者，我先居之，必居高阳以待敌⑰；若敌先居之，引而去之，勿从也。远形者⑱，势均⑲，难以挑战⑳，战而不利。凡此六者，地之道也㉑；将之至任㉒，不可不察也。

故兵有走者㉓，有弛者，有陷者，有崩者，有乱者，有北者。凡此六者，非天之灾，将之过也。夫势均，以一击十，曰走㉔。卒强吏弱，曰弛㉕。吏强卒弱，曰陷㉖。大吏怒而不服㉗，遇敌怼而自战㉘，将不知其能，曰崩㉙。将弱不严㉚，教道不明㉛，吏卒无常㉜，阵兵纵横㉝，曰乱。将不能料敌㉞，以少合㉟众，以弱击强，兵无选锋㊱，曰北。凡此六者，败之道也；将之至任，不可不察也。

夫地形者，兵之助也㊲。料敌制胜，计险阨，远近㊳，上将㊴之道也。知此而用战者必胜㊵，不知此而用战者必败。故战道必胜㊶，主曰无战，必战可也㊷；战道不胜，主曰必战，无战可也㊸。故进不求名，退不避罪，唯人是保㊹，而利合于主㊺，国之宝也㊻。

视㊼卒如婴儿，故可与之赴深谿㊽；视卒如爱子，故可与之俱死。厚而不能使，爱而不能令㊾，乱而不能治㊿，譬若骄子，不可用也[51]。

知吾卒之可以击，而不知敌之不可击，胜之半也[52]；知敌之可击，知吾卒之可以击，而不知地形之不可以战，胜之半也[53]。故知兵者[54]，动而不迷[55]，举而不穷[56]。故曰：知彼知己，胜乃不殆；知天知地，胜乃不穷[57]。

【注释】

①地形有通者：地形，地理形状、山川形势。通，通达，指广阔平坦、四通八达的地区。②挂者：悬挂、牵碍。此处指前平后险、易入难出的地区。③支者：支撑、支持。指敌对双方皆可据险对峙，不易发动进攻的地区。④隘者：狭窄、险要之地。这里特指两山之间的狭谷地带。⑤险者：险，险恶，险要，指行动不便的险峻地带。⑥远者：指距离遥远之地。⑦先居高阳：意为抢先占据地势高且向阳之处，以争取主动。⑧利粮道：指保持粮道畅通。利，此处作动词。⑨以战则利：以，为也。此句承上『先居高阳，利粮道』而言，意谓在平原地区，若能先敌抵达，占据高阳地带，并保持粮道畅通，如此进行战斗则大为有利。⑩挂形者……难以返，不利：在『挂』形地带，敌方如无防备，可以主动出击夺取胜利；如果敌人已有戒备，出击不能取胜，军队归返就会很困难，实属不利。⑪彼出而不利：敌人出击也同样不利。⑫敌虽利我：敌虽以利相诱。利，利诱。⑬引而去之：引，带领。去，离开，离去。引而去之即指率领部队伪装退去。⑭令敌半出而击之：令，使。句意为在敌人出兵追击前进一半时再回师反击他们。⑮必盈之以待敌：一定要动用充足的兵力堵塞隘口，来对付来犯的敌军。盈，满，充足的意思。⑯盈而勿从，不盈而从之：从，顺随。此处意谓顺随敌意去进攻。在『隘』形之地，敌若先我占据，并已用重兵堵塞隘口，我方就不可顺随敌意去攻打；如敌方还未用重兵扼守隘口，我军就应全力进攻，去争取险阻之利。⑰险形者，我先居之，必居高阳以待敌：

意谓在险阻之地，我军应当抢先占据地高向阳的要害之处以待敌军，争取主动。⑱远形者：这里特指敌我营垒距离甚远。⑲势均：一说『兵势』相均；一说『地势』相均。后一说更合本篇之情理。⑳难以挑战：指因地远势均不宜挑引敌人出战。㉑地之道也：道，原则，规律。意为上述六者是将帅指挥作战利用地形的基本原则。㉒将之至任：指将帅所应担负的重大责任。至，最，极的意思。㉓兵有走者：兵，这里指败军。走，与以下『弛、陷、崩、乱、北』共为『六败』之名称。㉔走：跑、奔，这里指军队败逃。㉕弛：涣散、松懈的意思。这里指将吏软弱无能，队伍涣散难制。㉖陷：陷没。此言将吏虽勇强，但士卒没有战斗力，将吏不得不孤身奋战，力不能支，最终陷入败溃。㉗大吏怒而不服：大吏，指小将。句意为偏裨将佐恚怒，不肯服从主将的命令。㉘遇敌怼而自战：意为恚怒愤懑『火吏』，遇敌心怀怨愤，擅自出阵作战。怼，怨恨，心怀不满。㉙崩：土崩瓦解，比喻溃败。㉚将弱不严：指将帅懦弱不能，毫无威严以服下。㉛教道不明：指治军缺乏法度，军队管理不善。㉜吏卒无常：无常，指没有法纪、常规，军中上下关系处于失常状态。㉝阵兵纵横：指布兵列阵杂乱无章。陈，古阵字。㉞料敌：指分析（研究）敌情。㉟合：指两军交战。㊱选锋：由精选而组成的先锋部队。㊲地形者，兵之助也：地形的审用，是用兵作战的重要辅助条件。助，辅助，辅佐。㊳计险阨、远近：指考察地形的险要，计算道路的远近。㊴上将：贤能、高明之将。㊵知此而用战者必胜：知此，懂得上述道理。用战，指挥作战。㊶战道必胜：战道，作战具备的各种条件，引申为战争的一般规律。战道必胜，指根据战争规律分析，具备了必胜的把握。㊷必战可也：即言可自行决断与敌开战，无须听从君命。㊸无战可也：即拒绝君命，不同敌人交战。㊹唯人是保：人，百姓、民众。保，保全。此句谓进退处置只求保全民众。㊺利合于主：指符合、满足国君的利益。㊻国之宝也：即国家的宝贵财富。㊼视：看待、对待的意思。㊽深谿：谿同溪，山涧河沟，深溪，极深的溪涧，这里喻危险地带。㊾厚而不能使，爱而不能令：只知厚待而不能使用，只知溺爱而不重教育。厚，厚养，厚待。令，使令，教育。意谓只知溺爱而不重教育。㊿乱而不能治：指士卒行为乖张不羁而不能加以约束惩治，治，治理，这里有惩处之意。(51)譬若骄子，不可用也：此句言为将者，仅施『仁爱』而不济以威严，只会使士卒成为骄子而不能使用。(52)胜之半也：胜利或失败的可能性各占一半。指没有必胜的把握。(53)不知地形之不可以战，胜之半也：如果不知道地形不适宜于作战，得不到地形之助，则能否取胜同样也无把握。(54)知兵者：通晓用兵打仗之道的人。(55)动而不迷：迷，迷惑、困惑。(56)举而不穷：举，行动。穷，困窘、困厄的意思。句意为行动自如不为所困。(57)胜乃不穷：指胜利不会有穷尽。

九地篇

孙子曰：用兵之法，有散地，有轻地，有争地，有交地，有衢地，有重地，有圮地，有围地，有死地。诸侯自战其地，为散地①。入人之地而不深者，为轻地②。我得则利，彼得亦利者，为争地③。我可以往，彼可以来者，为交地④。诸侯之地三属⑤，先至而得天下之众者，为衢地⑥。入人之地深，背城邑多者，为重地⑦。行山林、险阻、沮泽，凡难行之道者，为圮地⑧。所由入者隘，所从归者迂，彼寡可以击吾之众者，为围地⑨。疾战则存，不疾战则者亡者，为死地⑩。是故散地则无战⑪，轻地则无止⑫，争地则无攻⑬，交地则无绝⑭，衢地则合交⑮，重地则掠⑯，圮地则行⑰，围地则谋，死地则战⑱。

所谓古之善用兵者，能使敌人前后不相及⑲，众寡不相恃⑳，贵贱不相救㉑，上下不相收㉒，卒离而不集㉓，兵合而不齐㉔。合于利而动，不合于利而止㉕。敢问：『敌众整㉖而将来，待之若何？』曰：『先夺其所爱，则听矣㉗。』兵之情主速㉘，乘人之不及，由不虞之道㉙，攻其所不戒也。

凡为客之道㉚，深入则专㉛，主人不克㉜；掠于饶野㉝，三军足食；谨养而勿劳㉞，并气积力㉟；运兵计谋，为不可测㊱。投之无所往，死且不北㊲。死焉不得㊳，士人尽力。兵士甚陷则不惧㊴，无所往则固㊵，深入则拘㊶，不得已则斗[42]。是故其兵不修而戒[43]，不求而得，不约而亲[44]，不令而信[45]。禁祥去疑[46]，至死无所之[47]。吾士无余财，非恶货也；无余命，非恶寿也[48]。令发之日，士卒坐者涕沾襟[49]，偃卧者涕交颐[50]。投之无所往者，诸、刿之勇也[51]。

故善用兵者，譬如率然[52]；率然者，常山[53]之蛇也。击其首则尾至，击其尾则首至，击其中则首尾俱至。敢问：『兵可使如率然乎？』曰：『可。』夫吴人与越人相恶也，当其同舟而济，遇风，其相救也如左右手。是故方马埋轮，未足恃也[54]；齐勇若一，政之道也[55]；刚柔皆得，地之理也[56]。故善用兵者，携手若使一人，不得已也。

将军之事[57]，静以幽[58]，正以治[59]。能愚士卒之耳目，使之无知[60]；易其事，革其谋，使人无识[61]；易其居，迂其途，使人不得虑[62]。帅与之期，如登高而去其梯[63]。帅与之深入诸侯之地，而发其机[64]，焚舟破釜，若驱群羊，驱而往，驱而来，莫知所之。聚三军之众，投之于险，此谓将军之事也[65]。九地之变，屈伸之利[66]，人情之理，不可不察。

凡为客之道，深则专，浅则散[67]。去国越境而师者，绝地也[68]；四达者，衢地也；入深者，重地也；入浅者，轻地也；背固前隘者，围地也[69]；无所往者，死地也。是故散地，吾将一其志[70]；轻地，吾将使之属[71]；争地，吾将趋其后[72]；交地，吾将谨其守；衢地，吾将固其结[73]；重地，吾将继其食[74]；圮地，吾将进其涂[75]；围地，吾将塞其阙[76]；死地，吾将示之以不活[77]。故兵之情，围则御[78]，不得已则斗，过则从[79]。

是故不知诸侯之谋者，不能预交；不知山林、险阻、沮泽之形者，不能行军；不用乡导者，不能得地利[80]。四五者，不知一，非霸王之兵也[81]。夫霸王之兵，伐大国，则其众不得聚[82]；威加于敌，则其交不得合[83]。是故不争天下之交[84]，不养天下之权[85]，信己之私[86]，威加于敌，故其城可拔，其国可隳[87]。施无法之赏[88]，悬无政之令[89]，犯三军之众[90]，若使一人。犯之以事，勿告以言[91]；犯之以利，勿告以害[92]。投之亡地然后存，陷之死地然后生。夫众陷于害，然后能为胜败[93]。故为兵之事，在于顺详敌之意[94]，并敌一向，千里杀将[95]，此谓巧能成事者也。

是故政举之日，夷关折符，无通其使[96]；厉于廊庙之上，以诛其事。敌人开阖，必亟入之[97]，先其所爱[98]，微与之期[99]。践墨随敌[100]，以决战事[101]。是故始如处女，敌人开户；后如脱兔，敌不及拒[102]。

【注释】

①诸侯自战其地，为散地：言诸侯在自己领土上同敌人作战，遇上危急就容易逃散，这种地域叫作散地。②入人之地而不深者，为轻地：进入敌地不深，官兵易于轻返的地区叫作『轻地』。③争地：我军占领有利、敌军占领也有利的地区。④交地：指道路纵横、地势平坦、交通便利的地区。交，纵横交叉。⑤诸侯之地三居：三，泛指众多。居，连接，毗邻。三居，多方毗连，指几个诸侯国国土交界之外。⑥先至而得天下之众者，为衢地：谁先到达就可以得到四周诸侯的援助，这样的地方叫作『衢地』。⑦入人之地深，背城邑多者，为重地：进入敌境已远，隔着很多敌国城邑的地区，叫作重地。⑧行山林、险阻、沮泽，凡难行之道者，为圮地：凡是山林、险要隘路、水网湖沼这类难行的地区，叫作『圮地』。⑨围地：意为道路狭隘，退路迂远，敌人能以少击众的地区。⑩疾战则存，不疾战则亡者，为死地：地势险恶，只有奋勇作战才能生存，不迅速力战就难免覆灭的地区，叫『死地』。⑪散地则无战：在散地上不宜作战。⑫无止：止，停留、逗留。无止即不宜停留。⑬争地则无攻：遇到争地，我方应该先行占据；如果敌人已先期占领，则不要去强攻争夺。⑭交地则无绝：绝，隔绝、断绝。句意为在『交地』要做到军队部署上能够互相策应，行军序列不可断绝。⑮衢地则合交：合交，结交。在衢地上要加强外交活动，结交诸侯盟友，以为己援。⑯重地则掠：掠，掠取，抢掠。在敌方之腹地，不可能从本国往复运粮，要就地解决军队的补给问题，故『重地则掠』。⑰行：迅速通过。⑱死地则战：军队如进入『死地』，就必须奋勇作战，死里逃生。⑲前后不相及：前军、后军不能相互策应配合。及，策应。⑳众寡不相持：众，指大部队。寡，指小分队。恃，依靠。此言军中主力部队与小分

队不能相互依靠和协同。㉑贵贱不相救：贵，军官。贱，士卒。指军官和士卒之间不能相互救助。㉒上下不相收：收，聚集、联系。言军队建制被打乱，上下之间失去联络，无法聚合。㉓卒离而不集：离，分、散。集，集结。言士卒分散难于集中。㉔兵合而不齐：虽能使士卒集合在一起，但无法让军队整齐统一。㉕合于利而动，不合于利而止：意为对我方有利则战，不利则不战。合，符合。动，作战。止，不战。㉖众整：人数众多且阵势严整。㉗先夺其所爱，则听矣：爱，珍爱，引申为要害、关键。听，听从，顺从。句意为要首先攻取敌人的要害之处，敌人就会不得不听从我的摆布了。㉘兵之情主速：情，情理。主，速，迅速、疾速。此句言用兵的主旨重在迅速。㉙由不虞之道：由，经过，通过。不虞，不曾料想、意料到。句意为要走敌人预料不到的路径。㉚为客之道：客，客军，指离开本国进入敌国的军队。这句的意思：离开本国进入敌国作战的规律。㉛深入则专：专，齐心、专心。此言军队深入敌境作战，就会齐心协力、意志专一。㉜主人不克：即在本国作战的军队，无法战胜客军。主，在本地作战。克，战胜。㉝掠于饶野：掠取敌方富饶田野上的庄稼。㉞谨养而勿劳：认真地搞好休整，不要使将士过于疲劳。谨，注意，注重。养，休整。㉟并气积力：并，合，引申为集中、保持。积，积蓄。意谓保持士气，积蓄战斗力。㊱为不可测：使敌人无从判断。测，推测，判断。㊲投之无所往，死且不北：将士兵置于无路可走的境地，虽死也不会败退。投，投放，投布。㊳死焉不得：焉，疑问代词，什么的意思。此句意谓士卒死且不惧，那还有什么不能做到呢？㊴兵士甚陷则不惧：士卒们深陷危险境地就不再恐惧。甚，非常的意思。㊵无所往则固：无路可走的情况下军心就会稳固。㊶进入则拘：军队进入敌境已深，则军心凝聚。拘，拘束、束缚，这里指凝聚。㊷不得已则斗：迫不得已就会殊死战斗。㊸是故其兵不修而戒：修，修治、修明法令。戒，戒备、警戒。指士卒不待整治督促，就知道加强戒备。㊹不约而亲：指不待约束就做到内部的亲近团结。约，约束。亲，团结。㊺不令而信：不待申令就能做到信任服从。信，服从、信从。㊻禁祥去疑：禁止占卜之类的迷信，消除疑虑和谣言。祥，吉凶的预兆。这里指占卜之类的迷信活动。㊼至死无所之：即使到死也不会逃避。之，往。㊽吾士无余财，非恶货也；无余命，非恶寿也：我军士卒没有多余的钱财，这并不是他们厌恶财宝；没有第二条命（却去拼死作战），这也并不是他们不想长寿。余，多余。恶，厌恶。货，财宝。寿，长寿。㊾士卒坐者涕沾襟：坐着的士卒则泪流面颊。偃，仰倒。㊿颐：面颊。(51)诸、刿之勇也：像专诸、曹刿那样英勇无畏。诸，专诸，春秋时吴国的勇士。公元前515年，专诸在吴公子光（即阖闾）招待吴王僚的宴席上，用藏于鱼腹的剑刺死吴王僚，自己也当场被杀。刿，曹刿，春秋时期鲁国的武士。齐鲁柯地（今山东东阿）会盟上，他劫持齐桓公，迫使齐同鲁订立盟约，收回为齐所侵的鲁国土地。(52)率然：古代传说中的一种蛇。(53)常山：即恒山，五岳中的北岳，位于今山西浑源南。西汉时为避讳汉文帝刘恒的『恒』字，改称『常山』。(54)方马埋轮，未足恃也：方将马并排地系缚在一起，将车轮埋起来，想用此来稳定部队，以示坚守的决心，是靠不住的。(55)齐勇若一，政之道也：使士卒齐心协力、英勇杀敌如同一人。这才是治理军队的方法。齐，齐心协力。政，治理、管理的意思。(56)刚柔皆得，地之理也：言使强者和弱者都能各尽其力，这在于恰当地运用地形。(57)将军之事：将，用作动词，主持、指挥的意思。此句意为指挥军队打仗的事。(58)静以幽：静，沉着冷静。以，同而。幽，幽深莫测。(59)正以治：谓严肃公正而治理得宜。正，严正、公正。治，治理、有条理。(60)能愚士卒之耳目，使之无知：愚，蒙蔽、蒙骗。句意为能够蒙蔽士卒，使他们不能知觉。(61)易其事，革其谋，使人无识：变更正在做的事情，改变计谋，使他人无法识破。易，变更。革，改变、变置。(62)易其居，迂其途，使人不得虑：更换驻防的地点，行军迂回，使敌人无法图谋。虑，图谋。(63)帅与之期，如登高而去其梯：期，约定。句意为主帅赋予军队作战任务，要断其退路，犹如登高而去梯，使之勇往直前。(64)帅与之深入诸侯之地，而发其机：统帅与军队深入敌国，就如击发弩机射出的箭一般（笔直向前而不可复回）。机，弩机之扳机。(65)聚三军之众，投之于险，此谓将军之事也：集结全军，把他们投置到险恶的绝地，这就是指挥军队作战中的要事。(66)九地之变，屈伸之利：对不同地理条件的应变处置，使军队的进退得宜。屈，弯曲。伸，伸展。屈伸，这里指部队的前进和后退。(67)深则专，浅则散：言作战于敌国，深入则士卒一致，浅进则士卒涣散。(68)去国越境而师者，绝地也：离开本国而越过边界进行作战的地区，就叫绝地。『九地篇』中对『绝地』未深究，此文是按上句『浅则散』引发而言。(69)背固前隘者，围地也：背后险要，前面道路狭窄，进退易受制于敌人的地区，叫作围地。(70)散地，吾将一其志：在散地作战，我们要使全军的意志统一起来。(71)吾将使之属：属，连接。使之属，使军队部署相连接。(72)争地，吾将趋其后：在争地作战，我们要迅速进兵，抄到敌人的后面，以占据其地。(73)衢地，吾将固其结：遇上衢地，我们要巩固与诸侯国的结盟。(74)继其食：继，继续，引申为保障、保持。继其食即补充军粮，保障供给。(75)进其涂：要迅速通过。(76)塞其阙：堵塞缺口。意在迫使士兵不得不拼死作战。(77)示之以不活：向敌人表示死战的决心。(78)围则御：被包围就会奋起抵御。(79)过则从：过，甚，绝。指身陷绝境士兵就会听从指挥。(80)『是故』至『不能得地利』句：此段话已见于前《军事篇》，此处重复，以示重要。另一说认为此处系衍文。(81)四五者，不知一，非霸王之兵也：此言九地的利害关系，有一不知，就不能成为霸王的军队。四五者，泛指。(82)其众不得聚：指敌国军民来不及动员和集中。聚，聚集、集中。(83)威加于敌，则其交不得合：国家强大的实力形成的压力、兵威施加到敌人头上，使它在外交上无法联合诸国。(84)不争天下之交：指没有必要争着和其他的国家结交。(85)不养天下之权：没有必要在其他的国家里培植自己的权势。养，培养、培植。(86)信己之私：信，伸、伸展。私，指私志，引申为意图。意为伸张自己的战略意图。(87)隳：毁坏、摧毁之意。(88)施无法之赏：无法，超出惯例，破格。句意为施行超出惯例的奖赏。(89)悬无政之令：颁布打破常规的命令。无政，即无正，指不合常规。悬，悬挂，引申为颁发，颁布。(90)犯三军之众：犯，使用，指挥运用。句意为指挥三军上下行动。(91)犯之以事，勿告以言：犯，用。之，代词，指士卒。事，指作战。言，指意图、实情。㊾犯之以利，勿告以害：使用士卒作战时，只告诉士卒有利的条件，而不告诉它们任务的危险性，意在坚定士卒信念。㊿夫众陷于害，然后能为胜败：只有把军队投置于险恶境地，才能取胜。害，害处，指恶劣环境。胜败，指取胜、胜利。⑨④在于顺详敌之意：顺，通慎，谨慎的意思。详，详细考察。句意为用兵作战要审慎地考察敌人的意图。⑨⑤并敌一向，千里杀将：并敌一向，集中主要兵力，选定恰当的主攻方向。杀将，擒杀敌将。⑨⑥政举之日，夷关折符，无通其使：政，指战争行动。举，实施、决定。夷，意封锁。折，折断，这里可理解为废除。符，通行证。使，使节。句意为决定战争行动之时，要封锁关口，废除通行凭证，不同敌国的使节相往来。⑨⑦敌人开阖，必亟入之：敌方出现疏隙，己方须不失时机地予以突击。阖，门窗，此处借喻敌方之虚隙。亟，急。⑨⑧先其所爱：指首先攻取敌人关键、要害之处，以争取主动。⑨⑨微与之期：微，不。期，约期。即不要与敌人约期交战。⑩⓪践墨随敌：践，是遵守、遵循的意思；墨，意为原则。句意为遵守的原则是随敌情而变化。⑩①以决战事：以解决战争胜负问题。即求得战争的胜利。⑩②始如处女，敌人开户；后如脱兔，敌不及拒：开始和处女般柔弱沉静，使敌人放松戒备；随后如脱逃的兔子一样迅速行动，使敌人来不及抗拒。

火攻篇

孙子曰：凡火攻有五：一曰火人①，二曰火积②，三曰火辎③，四曰火库④，五曰火队⑤。行火必有因⑥，烟火必素具⑦。发火有时，起火有日⑧。时者，天之燥⑨也；日者，月在箕、壁、翼、轸⑩也，凡此四宿者，风起之日也⑪。

凡火攻，必因五火之变而应之⑫。火发于内，则早应之于外⑬。火发兵静者，待而勿攻，极其火力⑭，可从⑮而从之，不可从而止。火可发于外，无待于内⑯，以时发之⑰。火发上风，无攻下风⑱。昼风久，夜风止。凡军必知有五火之变，以数守之⑲。

故以火佐攻者明⑳，以水佐攻者强。水可以绝㉑，不可以夺㉒。

夫战胜攻取，而不修其功者凶㉓。命曰费留㉔。故曰：明主虑㉕之，良将修㉖之。非利不动㉗，非得不用㉘，非危不战㉙。主不可以怒而兴师，将不可以愠㉚而致战。合于利而动，不合于利而止。怒可以复喜，愠可以复悦；亡国不可以复存，死者不可以复生。故明君慎之，良将警之㉛，此安国全军之道也㉜。

【注释】

①火人：火，此处作动词，用火焚烧之意。火人即焚烧敌军人马。②火积：指用火焚烧敌军的粮秣物资。积，积蓄，指粮草。③火辎：焚烧敌军的辎重。④火库：焚烧敌军的物资仓库。⑤火队：焚烧敌军的后勤补给线。队，通『隧』，道路的意思。⑥因：依据，条件。⑦烟火必素具：烟火，指火攻的器具燃料等物。素，平素、经常的意思。具，准备妥当。此句意为发火用的器材必须经常准备好。⑧发火有时，起火有日：意谓发起火攻要选择有利的时机。⑨燥：指气候干燥。⑩箕、壁、翼、轸：中国古代星宿之名称，是二十八宿中的四个。⑪凡此四宿者，风起之日也：四宿，指箕、壁、翼、轸四个星宿。古人认为月球行经这四个星宿之时，是起风的日子。⑫必因五火之变而应之：因，根据、利用。五火，即上述五种火攻的方法。应，策应、对策。句意为根据五种火攻所引起的敌情变化，适时地运用军队进行策应。⑬早应之于外：及早用兵在外面策应（内外齐攻，袭击敌人）。⑭极其火力：让火势烧到最旺之时。极，尽。⑮从：跟从，这里指用兵进攻。⑯无待于内：不必待内应。⑰以时发之：根据气候、月象的情况实施火攻。以，根据、依据。⑱火发上风，无攻下风：上风，风向的上方；下风，风向的下方。⑲以数守之：数，星宿运行度数，此指气象变化的时机，即前所述『发火有时，起火有日』等条件。句意为等候火攻的条件。⑳以火佐攻者明：佐，辅佐。明，明显。指用火攻效果明显。㉑绝：隔绝、断绝的意思。㉒不可以夺：夺，剥夺，这里有焚毁之意，指焚毁敌人

的物资器械。㉓不修其功者凶：言如不能及时论功行赏以巩固胜利成果，则有祸患。㉔命曰费留：指若不及时赏赐，将士不用命，致使战事拖延或失败，军费将如流水般逝去。命，命名。费留，吝财，不及时论功行赏。㉕虑：谋虑、思考。㉖修：治，处理。㉗非利不动：于我无利则不行动。㉘非得不用：不能取胜就不要用兵。得，取胜。㉙非危不战：不在危急关头不轻易开战。㉚愠：恼怒、怨愤。㉛故明君慎之，良将警之：明智的国君要慎重，贤良的将帅要警惕。慎，慎重、谨慎。警，警惕、警戒。㉜此安国全军之道也：这是安定国家保全军队的根本道理。安国：安邦定国。全，保全。

用间篇

孙子曰：凡兴师十万，出征千里，百姓之费，公家之奉①，日费千金；内外骚动②，怠于道路③，不得操事④者，七十万家⑤。相守数年⑥，以争一日之胜，而受爵禄百金⑦，不知敌之情者，不仁之至也，非人之将⑧也，非主之佐也，非胜之主⑨也。故明君贤将，所以动而胜人⑩，成功出于众者，先知⑪也。先知者，不可取于鬼神⑫，不可象于事⑬，不可验于度⑭，必取于人，知敌之情者也。

故用间有五：有因间⑮，有内间，有反间，有死间，有生间。五间俱起，莫知其道⑯，是谓神纪⑰，人君之宝⑱也。因间者，因其乡人而用之⑲。内间者，因其官人而用之⑳。反间者，因其敌间而用之㉑。死间者，为诳事于外㉒，令吾间知之，而传于敌间也㉓。生间者，反报也㉔。

故三军之事，莫亲于间㉕，赏莫厚于间㉖，事莫密于间㉗。非圣智㉘不能用间，非仁义不能使间㉙，非微妙不能得间之实㉚。微哉微哉，无所不用间也！间事未发㉛，而先闻者，间与所告者皆死㉜。

凡军之所欲击㉝，城之所欲攻，人之所欲杀，必先知其守将、左右、谒者、门者、舍人㉞之姓名，令吾间必索知之。

必索敌人之间来间我者㉟，因而利之㊱，导而舍之㊲，故反间可得而用也。因是而知之㊳，故乡间、内间可得而使也㊴。因是而知之，故死间为诳事，可使告敌。因是而知之，故生间可使如期㊵。五间之事，主必知之，知之必在于反间，故反间不可不厚也㊶。

昔殷㊷之兴也，伊挚在夏㊸；周㊹之兴起，吕牙㊺在殷。故惟明君贤将，能以上智㊻为间者，必成大功。此兵之要，三军之所恃而动㊼也。

【注释】

①奉：同俸，指军费开支。②内外骚动：指举国上下混乱不安。内外，前方、后方的通称。③怠于道路：怠，疲惫、疲劳。此言百姓因辗转运输而疲于道路。④操事：指操作农事。⑤七十万家：比喻兵事对正常农事的影响之大。⑥相守数年：相守，指相持、对峙。相守数年即相持多年。⑦而爱爵禄百金：而，如果。爱，吝惜、吝啬。意指吝啬爵位、俸禄和金钱而不肯重用间谍。⑧非人之将：不懂用间谍执行特殊任务的将领，不是领导部队的好将领。非人，不懂得用人（间谍）。⑨非胜之主：不是能打胜仗的好国君。主，君主，国君。⑩动而胜人：动，行动，举动，这里指出兵。句意为一出兵就能战胜敌人。⑪先知：指事先侦知敌情。⑫不可取于鬼神：指不可以通过用祈祷、祭祀鬼神和占卜等方法去求知敌情。⑬不可象于事：象，类比，比拟。事，事情。意为不可用与其他事情类比的方法去求知敌情。⑭不可验于度：指不能用证验日月星辰运行位置的办法去求知敌情。验，应验，验证。度，度数，指日月星辰运行的度数（位置）。⑮因间：间谍的一种，即本篇下文所说的『乡间』。即依赖与敌人的乡亲关系，获取情报，或利用与敌军官兵的同乡关系，打入敌营从事间谍活动，获取情报。⑯五间俱起，莫知其道：此言五种间谍同时使用起来，使敌人无法摸清我军的行动规律。道，规律，途径。⑰神纪：神妙莫测之道。纪，道。⑱人君之宝：宝，法宝。

句意为『神纪』是国君制胜的法宝。⑲因其乡人而用之：指利用敌国将领之同乡关系作间谍。因，根据，引申为利用。⑳内间者，因其官人而用之：官人，指敌方的官吏。句意为：所谓内间，就是指收买敌国的官吏为间谍。㉑反间者，因其敌间而用之：所谓反间，就是指收买或利用敌方的间谍，使其为我所用。㉒为诳事于外：诳，欺骗、瞒惑。此句意为故意向外散布虚假情况，用以欺骗、迷惑敌人。㉓令吾间知之，而传于敌间也：意思是让我方间谍了解自己故意散布的假情报并传给敌方间谍，诱使敌人上当受骗。在这种情况下，事发之后，我方间谍往往难免一死，所以称之为『死间』。㉔生间者，反报也：反，同返。意思为那些到敌方了解情况后能够活着的间谍是回来报告敌情的人。㉕三军之事，莫亲于间：三军中最亲信的人，无过于委派的间谍。㉖赏莫厚于间：言赏赐没有比间谍所受更优厚的了。㉗事莫密于间：军机事务，没有比间谍之事更为机密的。㉘圣智：才智过人的人。㉙非仁义不能使用：指如果吝啬爵禄和金钱，不能做到以诚相待，则无法用好间谍。㉚非微妙不能得间之实：微妙，精细奥妙。这里指用心精细、手段巧妙。实，指实情。意谓不是精心设计、手段巧妙的将领，不能取得间谍的真实情报。㉛间事未发：发，举行、实施之意。此言用间之计赏未实施开展。㉜而先闻者，间与所告者皆死：先闻，事先知道，即暴露。即言间事先行暴露，则间谍和知情者必须杀掉，以灭其口。㉝军之所欲击：即『所欲击之军』，此句为宾语前置句式。下文『城之所欲攻』『人之所欲杀』句式同此。㉞守将、左右、谒者、门者、舍人：守将，主将。左右，守将的亲信。谒者，指负责传达通报的官员。门者，负责守门的官吏。舍人，门客，指谋士幕僚。㉟必索敌人之间来间我者：索，搜索。句意谓必须查出前来我方进行间谍活动之敌谍。㊱因而利之：趁机收买、利用敌间。因，由，这里有趁机、顺势之意。㊲导而舍之：设法诱导他，并交给一定的任务，然后放他回去（为己所用）。㊳因是而知之：指从反间，那里获悉敌人内情。㊴乡间、内间可得而使也：意谓通过利用反间，乡间和内间才能有效地加以使用。㊵可使如期：可使如期返报。㊶故反间不可不厚也：厚，厚待，有重视之意。五间之中，以反间为关键，因此必须给予反间以十分优厚的待遇。㊷殷：公元前17世纪，商汤灭夏，建都亳（今河南商丘县北），史称商朝。后来，商王盘庚迁都到殷（今河南安阳小屯村），因此商朝又称为『殷』。㊸伊挚在夏：伊挚，即伊尹。原为夏桀之臣，后归附商汤，商汤任用他为相，在灭夏过程中，伊尹发挥了很大的作用。夏，夏朝，大禹之子夏启所建立的中国历史上第一个奴隶制王朝，共传17世，至夏桀时为商汤所灭。㊹周：周朝，公元前11世纪周武王灭商后所建立的王朝，建都于镐京（今陕西西安）。㊺吕牙：即姜尚，姜子牙，俗称姜太公。曾为殷纣王之臣。周武王伐纣时，任用吕牙为『师』，打败了纣王。㊻上智：具有很高智谋的人。㊼三军之所恃而动：军队要依靠间谍所提供的情报而行动。

《孙膑兵法》

【导读】

孙膑，生卒年不详，其本名不传，因其受过膑刑（剔去膝盖骨），故名孙膑。孙武的后人，生于齐国阿、鄄之间（今山东省阳谷县阿城镇，鄄城县北一带），是战国时期的军事家。有《孙膑兵法》传世。《孙膑兵法》又名《齐孙子》，系与《孙子兵法》区别之故。《汉书·艺文志》称『《齐孙子》八十九篇，图四卷』，但自《隋书·经籍志》始，便不见于历代著录，大约在东汉末年便已失传。1972年，临沂银雀山汉墓竹简出土，这部古兵法始重见天日。但由于年代久远，竹简残缺不全，损坏严重。经竹简整理小组整理考证，文物出版社于1975年出版了简本《孙膑兵法》，共收竹简364枚，分上、下编，各15篇。1985年，文物出版社出版的《银雀山汉墓竹简（壹）》中，收入《孙膑兵法》凡16篇，系原上编诸篇加上下篇中的《五教法》而成。

本篇选文为《威王问》，记述孙膑与齐威王、田忌关于用兵的问答。前一部分就敌我兵力对比的不同情况，提

出不同的作战方法；后一部分主要指出用兵最重要的是『必攻不守』。

齐威王问用兵孙子，曰：『两军相当，两将相望①，皆坚而固，莫敢先举，为之奈何？』孙子答曰：『以轻卒尝之②，贱而勇者将之，期于北③，毋期于得。为之微阵以触其侧④。是谓大得。』威王曰：『用众用寡有道乎？』孙子曰：『有。』威王曰：『我强敌弱，我众敌寡，用之奈何？』孙子再拜曰：『明王之问。夫众且强，犹问用之，则安国之道也。命之曰赞师。毁卒乱行⑤，以顺其志，则必战矣。』威王曰：『敌众我寡，敌强我弱，用之奈何？』孙子曰：『命曰让威。必臧其尾，令之能归。长兵在前⑥，短兵在［后］⑦，为之流弩，以助其急者。［净戒］毋动，以待敌能。』威王曰：『我出敌出，未知众少，用之奈何？』孙子曰：『命曰……』威王曰：『击穷寇奈何？』孙子曰：『……可以待生计矣。』威王曰：『击均奈何⑧？』孙子曰：『营而离之⑨，我并卒而击之⑩，毋令敌知之。然而不离，按而止。毋击疑。』威王曰：『以一击十，有道乎？』孙子曰：『有。攻其无备，出其不意。』威王曰：『地平卒齐⑪，合而北者，何也？』孙子曰：『其阵无锋也。』威王曰：『令民素听⑫，奈何？』孙子曰：『素信。』威王曰：『善哉！言兵势不穷。』

田忌问孙子曰：『患兵者何也？困敌者何也？壁延不得者何也？失天者何也？失地者何也？失人者何也？请问此六者有道乎？』孙子曰：『有。患兵者地也，困敌者险也。故曰，三里沮洳将患军⑬……涉将留大甲。故曰，患兵者地也。困敌者险也。壁延不得者渠寒也⑭，……奈何？』⑮孙子曰：『鼓而坐之⑯，十而揄之⑰。』田忌曰：『行阵已定，动而令士必听，奈何？』孙子曰：『严而示之利。』田忌曰：『赏罚者，兵之急者耶？』孙子曰：『非。夫赏者，所以喜众，令士忘死也。罚者，所以正乱，令民畏上也。可以益胜，非其急者也。』田忌曰：『权、势、谋、诈，兵之急者耶？』孙子曰：『非也。夫权者，所以聚众也。势者，所以令士必斗也。谋者，所以令敌无备也。诈者，所以困敌也。可以益胜，非其急者也。』田忌忿然作色：『此六者，皆善者所用，而子大夫曰非其急者也。然则其急者何也？』孙子曰：『料敌计险，必察远近，……将之道也。必攻不守，兵之急者也。……骨也。』

田忌问孙子曰：『张军毋战有道？』孙子曰：『有。倅险增垒⑱，诤戒毋动⑲，毋可□□，毋可怒。』田忌曰：『敌众且武必战有道乎？』孙子曰：『有。埤垒广志⑳，严正辑众㉑，避而骄之，引而劳之，攻其无备，出其不意，必以为久。』

田忌问孙子曰：『锥行者何也㉒？雁行者何也㉓？篡卒力士者何也㉔？劲弩趋发者何也㉕？飘风之阵者何也？众卒者何也？』孙子曰：『锥行者，所以冲坚毁锐也。雁行者，所以触侧应□也。篡卒力士者，所以绝阵取将也㉖。劲弩趋发者，所以甘战持久也。飘风之阵者，所以回□□□也。众卒者，所以分功有胜也。』孙子曰：『明主、知道之将㉗，不以众卒几功㉘。』

孙子出而弟子问曰：『威王、田忌臣主之问何如？』孙子曰：『威王问九，田忌问七，几知兵矣㉙，而未达于道也。吾闻素信者昌，立义……用兵无备者伤，穷兵者亡㉚。齐三世其忧矣。』

【注释】

①相望：相互对峙。②尝：尝试，试探。③北：败北，失败。④微：隐蔽的。意思是以一部分隐蔽的兵力袭击敌军的侧面。⑤毁卒乱行：卒，春秋时军队的编制，百人为卒。行，指队列。意思是故意使阵列显得混乱，以诱惑敌人。⑥长兵：长柄兵器。⑦短兵：短柄兵器。⑧击均：攻击势均力敌的敌人。⑨营：通『荧』，迷惑。⑩并卒：集中兵力。⑪地平卒齐：平，平敞。齐，整齐。意思是地形和士卒条件都很好。⑫素听：素，平时，一贯。听，听从命令。⑬沮洳：沼泽泥泞地区。意思是周围若有三里沼泽泥泞地带，则将为军队的患害。⑭蟝寒：疑借为渠幰，即渠幨，亦称渠答，张在城上防矢石的设备。一说渠答就是蒺藜。另有释为沟通渠道。⑮此处下引号与上一个引号无关。『……壁延不

得者虿寒也……』是孙膑的话，『……奈何？』应是田忌的话。⑯鼓：击鼓。古代用鼓指挥进攻。⑰揄：引。意思是以多种办法引诱敌人。⑱倅：借为萃，居止的意思。意思是凭据险要，增高壁垒。⑲诤戒：诤，借为静。戒，戒备。意思是加强戒备，按兵不动。⑳埤垒广志：埤，同『卑』。广志，发扬士气。意思是修筑低垒，表示无所畏惧，以激励士气。㉑严正辑众：正，疑借为政。辑，团结。意思是严明法令，以团结士卒。㉒锥行：阵名，前尖如锥的阵形。㉓雁行：阵名，横列展开的阵形。㉔篡卒：篡，借为选。选卒，经过挑选的善战士卒。㉕劲弩趋发：劲弩，强弩。趋发，亦作驺发，发射良箭，此指射箭部队。一说趋发为疾发，指快速部队。㉖绝阵取将：破敌阵，擒敌将。㉗道：法则，规律。㉘几：期望，希冀。㉙几：接近。㉚穷兵：指穷兵黩武。

《吴子》

【导读】

吴起（约公元前440—前381年），战国初期著名的政治改革家，卓越的军事家、统帅、军事理论家、军事改革家，卫国左氏人（今山东省定陶，一说曹县东北）。按《史记·孙子吴起列传》，吴起『尝学于曾子，事鲁君』，后陆续相魏、楚，后因遭楚国贵戚忌恨，不得善终。在中国古代兵家人物中，吴起是难得一见的文武兼备的人才，他的政治思想有鲜明的儒、法并重的色彩。

吴起的军事思想著作有《吴起兵法》（即《吴子》）。后世将他与孙子连称『孙吴』，《吴子》与《孙子》又合称《孙吴兵法》。《汉书·艺文志》著录《吴起》48篇，已佚。今本《吴子》六篇（《图国》《料敌》《治兵》《论将》《变化》《励士》），系后人所托。但其中蕴含的深刻的政治军事思想影响颇广，对今时今世也有参考意义。

图国

吴起儒服[1]，以兵机见魏文侯[2]。文侯曰：『寡人不好军旅之事。』起曰：『臣以见占隐[3]，以往察来，主君何言与心违？今君四时使斩离皮革[4]，掩以朱漆，画以丹青，烁以犀象[5]。冬日衣之则不温，夏日衣之则不凉，为长戟二丈四尺，短戟一丈二尺，革车奄户[6]，缦轮笼毂[7]，观之于目则不丽，乘之以田则不轻，不识主君安用此也？若以备进战退守，而不求能用者[8]，譬犹伏鸡之搏狸[9]，乳犬之犯虎，虽有斗心，随之死矣！昔承桑氏之君[10]，修德废武，以灭其国；有扈氏[11]之君，恃众好勇，以丧其社稷。明主鉴兹，必内修文德，外治武备。故当敌而不进，无逮于义矣；僵尸而哀之[12]，无逮于仁矣。』

于是文侯身自布席[13]，夫人捧觞[14]，醮吴起于庙[15]，立为大将，守西河[16]。与诸侯大战七十六，全胜六十四，余则钧解[17]。辟土四面，拓地千里，皆起之功也。

吴子曰：『昔之图国家者，必先教百姓而亲万民。有四不和：不和于国，不可以出军；不和于军，不可以出陈[18]；不和于陈，不可以进战；不和于战，不可以决胜。是以有道之主，将用其民，先和而造大事。不敢信其私谋，必告于祖庙，启于元龟[19]，参之天时，吉乃后举。民知君之爱其命，惜其死，若此之至，而与之临难，则士以进死为荣，退生为辱矣。』

吴子曰：『夫道者，所以反本复始[20]；义者，所以行事立功；谋者，所以违害就利；要者[21]，所以保业守成。若行不合道，举不合义，而处大居贵，患必及之。是以圣人绥之以道[22]，理之以义，动之以礼，抚之以仁。此四德者，修之则兴，废之则衰。故成汤讨桀而夏民喜悦，周武伐纣而殷人不非。举顺天人，效能然矣。』

吴子曰：『凡制国治军，必教之以礼，励之以义，使有耻也。夫人有耻，在大足以战，在小足以守矣。然战胜易，守胜难。故曰：天下战国[23]，五胜者祸[24]，四胜者弊，三胜者霸，二胜者王，一胜者帝。是以数胜得天下者稀，以亡者众。』

吴子曰：『凡兵者之所以起者有五：一曰争名，二曰争利，三曰积恶，四曰内乱，五曰因饥。其名又有五：一曰义兵，二曰强兵，三曰刚兵，四曰暴兵，五曰逆兵。禁暴救乱曰义，恃众以伐曰强，因怒兴师曰刚，弃礼贪利曰暴，国乱人疲、举事动众曰逆。五者之数，各有其道，义必以礼服，强必以谦服，刚必以辞服[25]，暴必以诈服，逆必以权服[26]。』

武侯问曰：『愿闻治兵、料人、固国之道[27]。』

起对曰：『古之明王，必谨君臣之礼，饰上下之仪，安集吏民，顺俗而教，简募良才，以备不虞[28]。昔齐桓募士五万[29]，以霸诸侯；晋文召为前行四万[30]，以获其志；秦缪置陷陈三万[31]，以服邻敌。故强国之君，必料其民。民有胆勇气力者，聚为一卒。乐以进战效力，以显其忠勇者，聚为一卒。能逾高超远，轻足善走者，聚为一卒。王臣失位而欲见功于上者，聚为一卒。弃城去守，欲除其丑者，聚为一卒。此五者，军之练锐也[32]。有此三千人，内出可以决围[33]，外入可以屠城矣。』

武侯问曰：『愿闻陈必定、守必固、战必胜之道[34]。』

起对曰：『立见且可，岂直闻乎[35]！君能使贤者居上，不肖者处下，则陈已定矣；民安其田宅，亲其有司[36]，则守已固矣；百姓皆是吾君而非邻国，则战已胜矣。』

武侯尝谋事[37]，群臣莫能及，罢朝而有喜色。起进曰：『昔楚庄王尝谋事[38]，群臣莫能及，罢朝而有忧色。申公问曰[39]：「君有忧色，何也？」曰：「寡人闻之，世不绝圣，国不乏贤，能得其师者王，得其友者霸。今寡人不才，而群臣莫及者，楚国其殆矣！」此楚庄王之所忧，而君说之，臣窃惧矣。』于是武侯有惭色。

【注释】

①儒服：穿戴儒士衣装。②兵机：用兵的机谋。魏文侯（？—前396）：战国时期魏国的建立者，姬姓，魏氏，名斯，

一曰都。公元前445年，继魏桓子即位。公元前403年，韩、赵、魏被周王与各国正式承认为诸侯，成为封建国家。他在位时礼贤下士，师事儒门子弟子夏、田子方、段干木等人，任用李悝、翟璜为相，乐羊、吴起为将。③以见占隐：通过表现测度内隐。见，通『现』，表象。占，预测。④斩离：断绝。⑤烁：闪光，发光，用作动词。⑥革车奄户：革车，古代兵车的一种。奄，通『掩』，覆盖。户，门。⑦缦轮笼毂：不华丽而用竹篾包车轴的车子。缦，无花纹的缯帛。笼，竹篾。毂，车轮中心的圆木，外沿与车幅相接，中有插轴的圆孔。⑧能用：指上述能用的车、戟。⑨伏鸡：保护雏鸡的母鸡。⑩承桑氏：古代部落名，有说穷桑氏，少昊的后代，以地名为氏。少昊又称为金天氏，后来因为居住穷桑，并且在他居住穷桑的时候登上了帝位，所以又称为穷桑氏。他的子孙的一部分以他的号作为姓氏，称为穷桑氏，后来简化为桑氏。⑪有扈氏：夏初的一个部落名，和夏同姓，皆为姒姓部族，位于今河南原阳一带，另说在陕西户县一带，或说为东夷少昊族的九扈部落。曾与启大战于甘（洛阳附近），最后失败了。⑫僵尸：尸体僵硬，本文指战败而死的人。⑬身：亲自。布：铺设。⑭觞：酒杯。⑮醮：古代举行典礼时斟酒给人的一种仪式。⑯西河：今陕西北部黄河以西的地方。⑰钧解：都和解了。钧，通『均』。⑱出陈：出阵。陈，通『阵』。⑲元龟：大龟，古代用以占卜。⑳反本复始：返回本元，复其初始。㉑要：关键之处。㉒绥：安，安抚。㉓战国：相互交战的国家。㉔五胜：五为虚数，指多次胜利，其后四胜、三胜、二胜、一胜递减，表明得胜次数越多，国家越危险。㉕辞：言辞，言语。㉖权：计策，谋略。㉗料人：忖度人，对人的审查与评价。㉘不虞：不料，意外。㉙齐桓：指齐桓公，姓姜，名小白，春秋五霸之首，齐国国君，公元前685—前643年在位。㉚晋文：指晋文公，姓姬，名重耳，春秋五霸之一，晋国国君，公元前636—前628年在位。㉛秦缪：指秦穆公，嬴姓，名任好，春秋五霸之一，秦国国君，公元前659—前621年在位。陷陈：即『献阵』，此代指敢死的将士。陈，通『阵』。㉜练锐：精锐。㉝决围：突围。㉞陈必定：战阵稳定不乱。㉟岂直：岂止。㊱有司：官吏。

㊲谋事：商议国家大事。㊳楚庄王：姓芈，名旅，又称熊侣，春秋五霸之一，楚国国君，公元前613—前591年在位。㊴申公：申公巫臣，春秋时人，楚国申县（今河南南阳北）县尹，屈氏，名巫或巫臣，字子灵，亦称屈巫。『公』是尊称。

料敌

武侯谓吴起曰：『今秦胁吾西，楚带吾南，赵冲吾北，齐临吾东，燕绝吾后，韩据吾前。六国兵四守①，势甚不便，忧此奈何？』起对曰：『夫安国家之道，先戒为宝。今君已戒，祸其远矣。臣请论六国之俗：夫齐陈重而不坚，秦陈散而自斗，楚陈整而不久，燕陈守而不走，三晋陈治而不用②。』

『夫齐性刚，其国富，君臣骄奢而简于细民③，其政宽而禄不均，一陈两心，前重后轻，故重而不坚。击此之道，必三分之，猎其左右，胁而从之④，其陈可坏。秦性强，其地险，其政严，其赏罚信，其人不让，皆有斗心，故散而自战。击此之道，必先示之以利而引去之，士贪于得而离其将，乘乖猎散⑤，设伏投机，其将可取。楚性弱，其地广，其政骚，其民疲，故整而不久。击此之道，袭乱其屯⑥，先夺其气，轻进速退，弊而劳之，勿与争战，其军可败。燕性悫⑦，其民慎，好勇义，寡诈谋，故守而不走。击此之道，触而迫之，陵而远之，驰而后之，则上疑而下惧，谨我车骑必避之路，其将可虏。三晋者，中国也，其性和，其政平，其民疲于战，习于兵，轻其将，薄其禄，士无死志，故治而不用。击此之道，阻陈而压之，众来则拒之，去则追之，以倦其师。此其势也』。

『然则一军之中必有虎贲之士⑧，力轻扛鼎⑨，足轻戎马⑩，搴旗取将⑪，必有能者。若此之等，选而别之，爱而贵之，是谓军命⑫。其有工用五兵⑬、材力健疾、志在吞敌者，必加其爵列，可以决胜。厚其父母妻子，劝赏畏罚。此坚陈之士，可与持久。能审料此，可以击倍。』武侯曰：『善。』

吴子曰：『凡料敌，有不卜而与之战者八：一曰疾风大寒，早兴寤迁[14]，剖冰济水，不惮艰难[15]；二曰盛夏炎热，晏兴无间[16]，行驱饥渴，务于取远；三曰师既淹久[17]，粮食无有，百姓怨怒，妖祥数起[18]，上不能止；四曰军资既竭，薪刍既寡[19]，天多阴雨，欲掠无所；五曰徒众不多，水地不利，人马疾疫，四邻不至；六曰道远日暮，士众劳惧，倦而未食，解甲而息；七曰将薄吏轻，士卒不固，三军数惊，师徒无助；八曰陈而未定，舍而未毕，行阪涉险，半隐半出。诸如此者，击之勿疑。』

『有不占而避之者六：一曰土地广大，人民富众；二曰上爱其下，惠施流布；三曰赏信刑察，发必得时；四曰陈功居列，任贤使能；五曰师徒之众，甲兵之精；六曰四邻之助，大国之援。凡此不如敌人，避之勿疑。所谓见可而进，知难而退也。』

武侯问曰：『吾欲观敌之外以知其内，察其进以知其止，以定胜负，可得闻乎？』起对曰：『敌人之来，荡荡无虑，旌旗烦乱[20]，人马数顾，一可击十，必使无措。诸侯未会，君臣未知，沟垒未成，禁令未施，三军匈匈[21]，欲前不能，欲去不敢，以半击倍，百战不殆。』

武侯问敌必可击之道。起对曰：『用兵必须审敌虚实而趋其危。敌人远来新至，行列未定可击；既食未设备可击；奔走可击；勤劳可击；未得地利可击；失时不从可击；涉长道后行未息可击；涉水半渡可击；险道狭路可击；旌旗乱动可击；陈数移动可击；将离士卒可击；心怖可击。凡若此者，选锐冲之，分兵继之，急击勿疑。』

【注释】

①四守：意为众目所视。②三晋：指公元前403年由晋国瓜分成之韩、赵、魏三国。③简：简慢。④从：同逐。⑤乖：背离。⑥屯：屯兵之地，即营地。⑦悫：忠厚老实。⑧虎贲：古代对勇士之称，意为如虎之奔，喻其威猛。贲：

同奔。⑨鼎：古代煮食器，青铜所铸。⑩戎马：战马。⑪搴：拔取。⑫军命：军队命运之所系。⑬工：善于。五兵：指古代五种兵器，大抵为戈、矛、殳、戟、弓矢等。⑭早兴寤迁：早晨起来行动，夜半又要迁移。兴，作开始行动解。寤，从熟睡中醒来。⑮惮：害怕，顾惜。⑯晏兴：休息与活动。晏，与安通。间，与时通。⑰淹久：滞留已久。淹，与滞通。⑱妖祥：怪异灾祸之象。⑲薪：柴草。刍：饲料。⑳旌旗：军队旗帜的统称。周制，以羽毛染五色系于竿首用以激励士卒者为旌。用布帛画熊虎系于竿首用以标识号令者为旗。㉑匈匈：喧扰不安貌。

治兵

武侯问曰：「用兵之道何先？」起对曰：「先明四轻、二重、一信。」曰：「何谓也？」对曰：「使地轻马，马轻车，车轻人，人轻战。明知险易①，则地轻马；刍秣以时②，则马轻车；膏锏有余③，则车轻人；锋锐甲坚，则人轻战。进有重赏，退有重刑。行之以信。审能达此④，胜之主也。」

武侯问曰：「兵何以为胜？」起对曰：「以治为胜。」又问曰：「不在众乎？」对曰：「若法令不明，赏罚不信，金之不止⑤，鼓之不进⑥，虽有百万，何益于用？所谓治者，居则有礼，动则有威，进不可当，退不可追，前却有节，左右应麾，虽绝成陈，虽散成行，与之安，与之危，其众可合而不可离，可用而不可疲，投之所往，天下莫当。名曰父子之兵。」

吴子曰：「凡行军之道，无犯进止之节，无失饮食之适，无绝人马之力。此三者，所以任其上令⑦。任其上令，则治之所由生也。若进止不度，饮食不适，马疲人倦而不解舍⑧，所以不任其上令。上令既废，以居则乱，以战则败。」

吴子曰：「凡兵战之场，立尸之地⑨，必死则生，幸生则死⑩。其善将者⑪，如坐漏船之中，伏烧屋之下，使智者不及谋，勇者不及怒，受敌可也⑫。故曰：用兵之害，犹豫最大，三军之灾，生于狐疑。」

吴子曰：「夫人常死其所不能⑬，败其所不便⑭。故用兵之法，教戒为先⑮。一人学战，教成十人；十人学战，教成百人，百人学战，教成千人；千人学战，教成万人；万人学战，教成三军。以近待远，以逸待劳⑯，以饱待饥。圆而方之，坐而起之⑰，行而止之，左而右之，前而后之，分而合之，结而解之，每变皆习，乃授其兵。是谓将事。』

吴子曰：『教战之令⑱，短者持矛戟，长者持弓弩，强者持旌旗，勇者持金鼓，弱者给厮养⑲，智者为谋主⑳。乡里相比，什伍相保，一鼓整兵，二鼓习阵，三鼓趋食，四鼓严辨㉑，五鼓就行。闻鼓声合，然后举旗。』

武侯问曰：『三军进止，岂有道乎？』起对曰：『无当天灶㉒，无当龙头。天灶者，大谷之口。龙头者，大山之端。必左青龙㉓，右白虎㉔，前朱雀㉕，后玄武㉖，招摇在上㉗，从事于下。将战之时，审候风所从来。风顺致呼而从之，风逆坚阵以待之。』

武侯问曰：『凡畜车骑㉘，岂有方乎？』起对曰：『夫马，必安其处所，适其水草，节其饥饱。冬则温厩㉙，夏则凉庑㉚。刻剔毛鬣㉛，谨落四下。戢其耳目㉜，无令惊骇。习其驰逐，闲其进止。人马相亲，然后可使。车骑之具，鞍、勒、衔、辔，必令完坚。凡马不伤于末，必伤于始，不伤于饥，必伤于饱。日暮道远，必数上下。宁劳于人，慎无劳马。常令有余，备敌覆我。能明此者，横行天下。』

【注释】

①易：与平通，指平坦开阔之地。②秣：与刍同义，均指牲口饲料。③膏锏：车轴润滑油。膏：油脂。锏：包裹战车车轴的铁皮。④审：果然。⑤金：军乐名，又称钲，状似钟，其敲击声为军队停止进击之信号。⑥鼓：其敲击声为军队前进和冲锋之信号。⑦任：与听通，听从之意，下同。⑧解舍：人马解甲卸鞍休息宿营。舍：与宿同义，意为在营地休息或睡眠。⑨立尸：成尸。⑩幸：意为侥幸。⑪将：此处为『将兵』之『将』，意为指挥、管带。⑫受：与应通，受敌，意为应敌。⑬不能：无能，指缺乏作战技能。⑭不便：不练习，指缺乏训练。更：与习通。⑮教戒：

教育与训练。⑯佚：与逸通，安逸。⑰坐：与跪通。⑱令：与使通，意为分派差使。⑲厮养：指勤杂兵。厮，指马佚，养，指炊事兵。⑳谋主：主谋计之人。㉑严辨：严格检察。辨，与察通。㉒无：不可。当：对着。㉓青龙：青色之龙，为东方星宿名。㉔白虎：白色之虎，为西方星宿名。㉕朱雀：一名赤乌，红色之鸟，为南方星宿名。㉖玄武：作龟蛇合体形，为北方星宿名。㉗招摇：星名，亦称天矛，在北斗之杓端。㉘畜：驯养。车骑：战马。㉙厩：马棚。㉚庑：大屋。㉛刻剔：削剪。剔，指剪短马鬃。鬣：即马鬃。㉜戢：遮蔽。

论将

吴子曰：『夫总文武者，军之将也。兼刚柔者，兵之事也。凡人论将，常观于勇。勇之于将，乃数分之一尔。夫勇者必轻合，轻合而不知利，未可也。故将之所慎者五：一曰理，二曰备，三曰果，四曰戒，五曰约。理者，治众如治寡。备者，出门如见敌。果者，临敌不怀生。戒者，虽克如始战。约者，法令省而不烦。受命而不辞，敌破而后言返，将之礼也。故师出之日，有死之荣，无生之辱。』

吴子曰：『凡兵有四机①：一曰气机，二曰地机，三曰事机，四曰力机。三军之众，百万之师，张设轻重②，在于一人，是谓气机。路狭道险，名山大塞，十夫所守，千夫不过，是谓地机。善行间谍，轻兵往来③，分散其众，使其君臣相怨，上下相咎，是谓事机。车坚管辖④，舟利橹楫⑤，士习战陈，马闲驰逐，是谓力机。知此四者，乃可为将。然其威、德、仁、勇，必足以率下安众，怖敌决疑，施令而下不犯，所在寇不敢敌。得之国强，去之国亡，是谓良将。』

吴子曰：『夫鼙鼓金铎⑥，所以威耳。旌旗麾帜，所以威目。禁令刑罚，所以威心。耳威于声，不可不清。目威于色，不可不明。心威于刑，不可不严。三者不立，虽有其国⑦，必败于敌。故曰：将之所麾，莫不从移⑧；将之所指，莫不前死。』

吴子曰：『凡战之要，必先占其将而察其才，因形用权⑨，则不劳而功举。其将愚而信人⑩，可诈而诱；贪而忽名[11]，可货而赂[12]；轻变无谋，可劳而困；上富而骄，下贫而怨，可离而间；进退多疑，其众无依，可震而走；士轻其将而有归志，塞易开险，可邀而取[13]；进道易，退道难，可来而前；进道险，退道易，可薄而击；居军下湿，水无所通，霖雨数至[14]，可灌而沈；居军荒泽，草楚幽秽[15]，风飙数至[16]，可焚而灭；停久不移，将士懈怠，其军不备，可潜而袭。』

武侯问曰：『两军相望，不知其将，我欲相之[17]，其术如何？』起对曰：『令贱而勇者，将轻锐以尝之[18]，务于北[19]，无务于得，观敌之来，一坐一起[20]。其政以理[21]，其追北佯为不及，其见利佯为不知，如此将者，名为智将，勿与战矣。若其众讙哗[22]，旌旗烦乱[23]，其卒自行自止，其兵或纵或横，其追北恐不及，见利恐不得，此为愚将，虽众可获。』

【注释】

①机：作枢纽或关键解。②张设：张罗设置。轻重：此指将领对军务之张设得当与否，得当为重，反之为轻。③轻兵：轻装而便于行动的小股部队。④管辖：管，指战车轴管，辖，为车轴插销。⑤橹楫：划船用具。⑥鼙鼓：泛指战鼓。鼙，军用小鼓。金铎：即钲之一种。⑦有：与富通。⑧从移：服从调遣。⑨形：情形。权：权谋。⑩信人：意为轻信于人。⑪忽：不顾。⑫货：本指财物，此处与赂通，意为以财物私赠予人而有所求。⑬邀：拦截。⑭霖雨：久雨。雨连下三日以上为霖。⑮楚：灌木丛。幽秽：草木茂密暗湿处。⑯飙：狂风。⑰相：侦察。⑱尝：与试通。⑲北：同败。⑳坐：停止。起：行动。㉑政：同治。理：法度、条理。㉒讙哗：喧闹。㉓烦：与乱通。

应变

武侯问曰：『车坚马良，将勇兵强，卒遇敌人[1]，乱而失行，则如之何？』起对曰：『凡战之法，昼以旌旗幡麾为节[2]，夜以金鼓笳笛为节[3]。麾左而左，麾右而右。鼓之则进，金之则止。一吹而行，再吹而聚。不从令者诛。三军服威，士卒用命，则战无强敌，攻无坚陈矣。』

武侯问曰：『若敌众我寡，为之奈何？』起对曰：『避之于易，邀之于阨[4]。故曰以一击十，莫善于阨；以十击百，莫善于险；以千击万，莫善于阻[5]。今有少卒卒起[6]，击金鸣鼓于阨路，虽有大众，莫不惊动。故曰：用众者务易，用少者务隘。』

武侯问曰：『有师甚众，既武且勇，背大险阻，右山左水，深沟高垒，守以强弩，退如山移，进如风雨，粮食又多，难与长守，则如之何？』起对曰：『大哉问乎！此非车骑之力，圣人之谋也[7]。能备千乘万骑，兼之徒步，分为五军，各军一衢[8]。夫五军五衢，敌人必惑，莫知所加[9]。敌若坚守，以固其兵，急行间谍，以观其虑。彼听我说，解之而去。不听我说，斩使焚书，分为五战。战胜勿追，不胜疾归。如是佯北，安行疾斗，一结其前，一绝其后，两军衔枚[10]，或左或右[11]，而袭其处。五军交至[12]，必有其利。此击强之道也。』

武侯问曰：『敌近而薄我，欲去无路，我众甚惧，为之奈何？』起对曰：『为此之术，若我众彼寡，分而乘之[13]；彼众我寡，以方从之[14]；从之无息[15]，虽众可服。』

武侯问曰：『若遇敌于溪谷之间，旁多险阻，彼众我寡，为之奈何？』起对曰：『诸丘陵、林谷、深山、大泽[16]，疾行亟去，勿得从容。若高山深谷，卒然相遇，必先鼓噪而乘之。进弓与弩[17]，且射且虏。审察其政，乱则击之，勿疑。』

武侯问曰：『左右高山，地甚狭迫，卒遇敌人，击之不敢，去之不得，为之奈何？』起对曰：『此谓谷战，虽众不用。募吾材士，与敌相当，轻足利兵，以为前行，分车列骑，隐于四旁，相去数里，无见其兵[18]，敌必坚陈，进退不敢。于是出旌列旆[19]，行出山外营之，敌人必惧。车骑挑之，勿令得休。此谷战之法也。』

武侯问曰：『吾与敌相遇大水之泽，倾轮没辕，水薄车骑，舟楫不设，进退不得，为之奈何？』起对曰：『此谓水战，无用车骑，且留其旁。登高四望，必得水情，知其广狭，尽其深浅⑳，乃可为奇以胜之。敌若绝水㉑，半渡而薄之。』

武侯问曰：『天久连雨，马陷车止，四面受敌，三军惊骇，为之奈何？』起对曰：『凡用车者，阴湿则停，阳燥则起，贵高贱下。驰其强车，若进若止，必从其道。敌人若起，必逐其迹。』

武侯问曰：『暴寇卒来，掠吾田野，取吾牛羊，则如之何？』起对曰：『暴寇之来，必虑其强，善守勿应。彼将暮去㉒，其装必重，其心必恐，还退务速，必有不属㉓，追而击之，其兵可覆。』

吴子曰：『凡攻敌围城之道，城邑既破，各入其宫㉔。御其禄秩㉕，收其器物。军之所至，无刊其木㉖、发其屋㉗、取其粟、杀其六畜、燔其积聚㉘，示民无残心。其有请降，许而安之。』

【注释】

①卒：仓促。卒，同促。②幡：垂挂于竿端之长条旗。节：节制，意为号令。③笳笛：一名笳吹、笳管、笳萧，简称笳，古代军中乐器。④阨：与隘通，狭窄之地。⑤阻：障碍众多难于行进之地。⑥少卒卒起：前一『卒』指士兵，后一『卒』指突然。⑦圣人：指具有极高智慧之人。⑧衢：四达之路，即交通要道。⑨加：施加。此处意为选定攻击目标。⑩衔枚：行军时为保持肃静，避免被敌发觉，让士卒口中各衔一根枝条。枚：与枝通，枝条。⑪或：与又通。⑫交：与齐通。⑬乘：与逐通，指击逐。⑭方：与并通，指合并。从：与逐通。⑮无息：不停息。⑯诸：与于通，表所在。⑰进：与引通，引发之意。⑱见：同现，指显露。⑲旆：杂色镶边军旗。⑳尽：与悉通，知晓。㉑绝：横渡。㉒暮：衰竭。㉓属：连接。㉔宫：此为对宫室、官府的泛称。㉕御：控制。禄秩：廪食，本意为国家发给官吏的薪俸，此处引申为领取禄秩的官吏。㉖刊：砍削。㉗发：扰乱。㉘燔：焚烧。

第七章　纵横家

纵横家概述

纵横家是诸子百家之一。它的代表人物是：苏秦、张仪。主要作品有：《鬼谷子》《战国策》。纵横家是战国时期用纵横捭阖的策略游说诸侯，从事政治和外交活动的谋士。『纵横』即『合纵连横』，战国时期南与北合为纵，西与东连为横。苏秦主张燕、赵、韩、魏、齐、楚合纵以抗击秦国，张仪则力主破除合纵。他们的活动对于战国时期政治、军事格局的变化有重要的影响。

《鬼谷子》

【导读】

《鬼谷子》为鬼谷子所撰，他姓王名诩，为战国时楚国人。其具体生卒日不详，是『诸子百家』中纵横家鼻祖。《鬼谷子》共14篇，最后两篇亡佚。本文节选《捭阖》。捭阖即开合，指人事的发动闭藏、进退变化的道理，同时也表示宇宙自然阴阳变化的道理。本篇以事物之捭阖说明事物变化无穷，有对立面之转化发展，故而有智慧的人能把握宇宙人事的开合变化，准确把握变化的时机，权衡利弊，审查进退。

粤若稽古①，圣人之在天地间也，为众生之先②。观阴阳之开阖以命物③；知存亡之门户④，筹策万类之终始⑤，达人心之理，见变化之朕焉⑥，而守司其门户⑦。故圣人之在天下也，自古及今，其道一也。

变化无穷，各有所归，或阴或阳，或柔或刚，或开或闭，或弛或张。是故圣人一守司其门户，审察其所先后⑧，度权量能，校其伎巧短长⑨。

夫贤、不肖⑩，智、愚，勇、怯，仁、义，有差。乃可捭，乃可阖，乃可进，乃可退，乃可贱，乃可贵；无为以牧之[11]。

审定有无与其虚实，随其嗜欲以见其志意。微排其言而捭反之[12]，以求其实，贵得其指[13]。阖而捭之[14]，以求其利[15]。或开而示之，或阖而闭之。开而示之者，同其情也。阖而闭之者，异其诚也[16]。可与不可，审明其计谋，以原其同异[17]。离合有守[18]，先从其志。即欲捭之，贵周[19]；即欲阖之，贵密[20]。周密之贵微，而与道相追[21]。

捭之者，料其情也[22]。阖之者，结其诚也[23]。皆见其权衡轻重[24]，乃为之度数[25]，圣人因而为之虑。其不中权衡度数，圣人因而自为之虑。

故捭者，或捭而出之[26]，而捭而内之[27]。阖者，或阖而取之，或阖而去之。捭阖者，天地之道[28]。捭阖者，以变动阴阳，四时开闭，以化万物[29]；纵横反出，反覆反忤[30]，必由此矣。

捭阖者，道之大化，说之变也[31]。必豫审其变化，吉凶大命系焉[32]。口者，心之门户也[33]。心者，神之主也[34]。志意、喜欲、思虑、智谋，此皆由门户出入。故关之以捭阖，制之以出入。

捭之者，开也，言也，阳也。阖之者，闭也，默也，阴也。阴阳其和[35]，终始其义[36]。

故言「长生」「安乐」「富贵」「尊荣」「显名」「爱好」「财利」「得意」「喜欲」，为「阳」，曰「始」。

故言「死亡」「忧患」「贫贱」「苦辱」「弃损」「亡利」「失意」「有害」「刑戮」「诛罚」，为「阴」，曰「终」。

诸言法阳之类者，皆曰「始」；言善以始其事。诸言法阴之类者，皆曰「终」；言恶以终其谋。捭阖之道，以阴阳试之[37]。故与阳言者，依崇高[38]。与阴言者，依卑小[39]。以下求小，以高求大[40]。由此言之，无所不出，无所不入，无所不可[41]。可以说[42]人，可以说家，可以说国，可以说天下。为小无内，为大无外[43]；益损[44]、去就[45]、倍反[46]，皆以阴阳御其事[47]。阳动而行，阴止而藏；阳动而出，阴随而入；阳还终始，阴极反阳[48]。以阳动者，德相生也[49]。以阴静者，形相成也㊿。以阳求阴，苞以德也[51]；以阴结阳，施以力也。阴阳相求，由捭阖也。此天地阴阳之道，而说人之法也。为万事之先，是谓圆方之门户[52]。

【注释】

①粤：句首语气助词。若：顺。稽：考察。②先：先知先觉。此句意为圣人以先知觉后知，用先觉觉后觉，所以为众生之先。③观阴阳之开阖以命物：这句话的意思是指阳开以生物，阴阖以成物，生成既著，须立名以命物。④门户：存亡之机，事物存亡变化前之几微。⑤终始：开始与完结，指生死变化。⑥朕：征兆。⑦守司：守护，掌管。⑧审察其所先后：审查其所宜先者先行，所宜后者后行之。⑨校：校考。伎巧：技巧。⑩不肖：不贤。⑪无为：不加私意，不加造作，顺从万物的差别。牧：治理。本句是讲人事有贤、不肖等才性差别，贤者可捭而同之，不肖者可阖而异之，智和勇，可进而贵之，愚和怯，可退而贱之，贤愚各当其分。⑫微：稍微。排：排抑。反：反难。⑬指：意图宗旨。⑭阖而捭之：闭藏而发动之。⑮以求其利：研求其所言之利害。⑯诚：实。⑰原：探求根源。⑱离：不同一致。合：一致。守：执守自己的原则。⑲贵周：贵在周遍，无有遗漏。⑳密：隐秘。㉑追：贴近。㉒料：简择。㉓结：系束。㉔权衡：称量轻重。㉕度数：量长短。㉖出之：使出而能使其运用。㉗内：纳而藏。㉘捭阖者，天地之道：开户称为乾，阖户称为坤，故摔阖为天地之道。㉙『捭阖』以下：意思是指天地阴阳的开合，使阴阳变化，四时交替，从而化育万物。㉚覆：复，回返。忤：违反，忤逆。㉛说之变：指言说要随捭阖而变化。㉜大命：指天命。㉝口者，心之门户也：口是心的门户，因为心中所思所想是由口说出来的。㉞心者，神之主也：心是神的主导，因为神是被心所用的。㉟和：和谐。㊱义：适宜。㊲以阴阳试之：指依阴阳可知捭阖之道。㊳依崇高：指与阳性之类言，应该以崇高引导。㊴依卑小：指与阴性之类言，应该以卑小引导。㊵以下求小，以高求大：指合乎人事之道，合乎捭阖之道。㊶无所不出，无所不入，

无所不可：形容尽阴阳之道，合捭阖之理。㊷说：说服。㊸为小无内，为大无外：形容尽阴阳之道，则无小大之限制，造化无穷。㊹益损：增益和减损。㊺去就：离开和走进。㊻倍反：倍，去而绝。反，去而复还。㊼御：治理。㊽阳还终始，阴极反阳：指阴阳相生，阳极生阴，阴极生阳。㊾阳：指上，指天。德：指无形之德相，以生成化育之德。㊿阴：指下，指地。形：指有形象的具体事物。(51)苞：包藏，包含。(52)圆方：指天地，古人认为天圆地方。

《长短经》

【导读】

《长短经》为唐代学者赵蕤所著的一本纵横学著作。赵蕤的生平在《旧唐书》与《新唐书》俱无载。孙光宪《北梦琐言》载：『赵蕤，梓州盐亭人，博学韬钤，长于经世。夫妇俱有隐操，不应辟召。』其所著之《长短经》为时人所重，苏颋《荐西蜀人才疏》云：『赵蕤术数，李白文章。』《四库全书总目提要》认为：『此书辨析事势，其源盖出于纵横家，故以长短为名。虽因时制变，不免为事功之学，而大维于实用，非策士诡谲之谋，其言故不悖于儒者。其文格亦颇近荀悦《申鉴》、刘助《人物志》，犹有魏晋之遗。』

《长短经》又称为《反经》，它深入剖析了君臣谋略的利害得失，被尊奉为『小《资治通鉴》』。本篇所选为《长短经》第一卷第一篇《大体第一》，主要讲述的是君主的重要职责。

臣闻老子曰：『以正理国①，以奇用兵，以无事取天下②。』荀卿曰③：『人主者，以官人为能者也④；匹夫者，以自能为能者也。』傅子曰⑤：『士大夫分职而听，诸侯之君分土而守，三公总方而议⑥，则天子拱己而正矣⑦。』何以明其然耶？当尧之时，舜为司徒，契为司马，禹为司空，后稷为田官⑧，夔为乐正⑨，垂为工师⑩，伯夷为秩宗⑪，皋陶为理官⑫，益掌驱禽⑬。尧不能为一焉，奚以为君⑭，而九子者为臣，其故何也？尧知九赋之事，使九子各授其事，皆胜其任以成九功。尧遂乘成功以王天下。汉高帝曰：『夫运筹策于帏幄之中[15]，决胜于千里之外，吾不如子房；镇国家、抚百姓、给饷馈、不绝粮道，吾不如萧何；连百万之军，战必胜，攻必取，吾不如韩信。三人者，皆人杰也。吾能用之，此吾所以有天下也。』《人物志》曰[16]：『夫一官之任，以一味协五味；一国之政，以无味和五味。故臣以自任为能，君以能用人为能；臣以能言为能，君以能听为能；臣以能行为能，君以能赏罚为能。所以不同，故能君众能也。』

故曰，知人者，王道也；知事者，臣道也；无形者[17]，物之君也[18]；无端者[19]，事之本也。鼓不预五音[20]，而为五音主；有道者，不为五官之事[21]，而为理事之主。君守其道，官知其事，有自来矣。先王知其如此也，故用非其有如己有之，通乎君道者也。

议曰：《淮南子》云[22]：『巧匠为宫室，为圆必以规[23]，为方必以矩[24]，为平直必以准绳。功已就矣，而不知规矩准绳，而赏巧匠。宫室已成，不知巧匠，而皆曰某君某王之宫室也。』孙卿曰[25]：『夫人主欲得善射中微，则莫若使羿[26]；欲得善御致远，则莫若使王良[27]；欲得调一天下，则莫若聪明君子矣。其用智甚简，其为事不劳，而功名甚大。』此能用非其有如己有者也。人主不通主道者则不然。自为之则不能任贤，不能任贤，则贤者恶之，此功名之所以伤，国家之所以危。

议曰：《申子》云[28]：『君知其道也，臣知其事也。十言十当，百言百当者[29]，人臣之事也，非人君之道也。』《尸子》云：『人臣者，以进贤为功也；君者，以用贤为功也。』贾谊云：『臣闻圣主言问其臣而不自造事[30]，故使人臣得必尽其愚忠，惟陛下才幸。』由是言之，夫君不能司契委任而妒贤恶能[31]，取败之道也。汤武一日而尽有夏商之财，以其地封，而天下莫敢不悦服；以其财赏，而天下皆竞劝[32]，通乎用非其有也[33]。

议曰：孙卿云：『修礼者王，为政者强，取人者安[34]，聚敛者亡。故王者富人[35]；霸者富士；仅存之国富大夫[36]；亡国富筐箧[37]、实府库[38]。是谓上溢下漏[39]。』又曰：『天子不言多少，诸侯不言利害，大夫不言得失[40]。』昔者周厉王好利[41]，近荣公[42]，芮良夫谏曰[43]：『王室其将卑乎？荣公好专利而不知大难。夫利，百物之所生也，天地之所载也。而或专之，其害多矣。天地百物皆将取焉，何可专也。所怨甚多而不备大难，以是教王，其能久乎？』后厉王果败。魏文侯御廪灾[44]，素服避正殿，群臣皆哭。公子成父趋入贺曰：『臣闻天子藏于四海[45]，诸侯藏于境内。非其所藏，不有火灾，必有人患。幸无人患，不亦善乎。』孔子曰：『百姓足，君孰与不足？』周谚有言曰：『囊漏储中。』

由此言之，夫圣王以其地封，以其财赏，不与人争利，乃能通于主道，是用非其有者也。故称，设官分职，君之体也；委任责成，君之体也；好谋无倦，君之体也；宽以得众，君之体也；含垢藏疾[46]，君之体也。君有君人之体，其臣畏而爱之，此帝王所以成业也。

【注释】

①正：正道。理：治理。②无事：即无为，指统治者不要过多地以自己的意愿干预政事。③荀卿：荀子，名况，战国时著名思想家。④官：管理。⑤傅子：傅玄，字休奕，西晋初年的著名政治家、思想家。⑥三公：中国古代朝廷中最尊显的三个官职的合称。周代已有此称，西汉今文经学家以为三公指司马、司徒、司空，古文经学家则以太傅、太师、太保为三公。⑦拱己而正：指不用操劳就可以治理好天下。⑧后稷：古代周族的始祖。善于种植各种粮食作物，曾在尧舜时代当农官，教民耕种。⑨夔：人名，生活于我国传说中黄帝和尧舜禹时代的后期。夔生活在荒僻偏远的地方，具有非凡的音乐才能，后受到舜的赏识，提拔为乐官，主理乐舞之事。乐正：乐官之长。⑩垂：人名。工师：掌管百工及手工业的官员。⑪伯夷：人名。秩宗：古代掌宗庙祭祀的官。⑫皋陶：人名，相传他公正无私。理官：古代掌管司法的官。⑬益：人名。⑭奚：何，什

么。⑮运筹策于帷幄之中：指在军营中谋计策划。⑯《人物志》：魏刘邵撰，是一部辨析、评论人物的专著。⑰无形者：指天地生育之道，无形无象。⑱君：主宰。⑲端：发端，开端。⑳预：参与。㉑五官：指各类官员。㉒《淮南子》：又名《淮南鸿烈》，是西汉宗室刘安招致宾客，在他主持下编著的。㉓规：用来画圆的器具。㉔矩：用来画直角或方形的器具。㉕孙卿：即荀子，后避汉宣帝讳，改称孙卿。㉖羿：传说中善于射箭的人。㉗王良：春秋时代晋国公卿赵襄子的马车夫，善御。㉘《申子》：战国时期法家代表人物申不害的著作。㉙十言十当，百言百当：形容臣子能很好地完成自己的政令言辞。㉚造事：造生事端。㉛契：指委任大臣的约定。㉜劝：臣服。㉝通乎用非其有：对使用不属于自己东西的道理很通达。㉞取：获取人心、人才。㉟富人：使民众富有。㊱仅存：指将要灭亡的国家。㊲筐箧：盛装东西的器物。㊳府：古时国家收藏文书或财务的地方。库：古时国家存放兵家战车的地方。㊴上溢下漏：指上层统治阶级剥夺下层民众的财产，使得上层财物溢满，而民众的财产不断流向上层。㊵『天子』三句：指天子不言自己财产的多少，诸侯不言自身的利害，大夫不言自己的得失。这几句话都是讲上层统治者不能自私自利，只贪求自身的利益。㊶周厉王：西周国王，残暴贪利，后国人暴动，袭击厉王，厉王出逃。㊷荣公：周厉王卿士，厉王即位30年，好利。他迎合厉王心意，建议推行专利政策，垄断山林川泽的收益，因而深得厉王宠信，被任以卿职，用事于朝。㊸芮良夫：西周时人。厉王大臣，厉王重用荣公，实行专利，他曾劝谏。㊹魏文侯：战国时期魏国的建立者。姬姓，魏氏，名斯。一曰都。公元前445年，继魏桓子即位。廪灾：粮食歉收的灾难。廪，米仓。㊺天子藏于四海：指天子的财富藏于整个国家。㊻含垢藏疾：指君主能包容臣下的错误和缺陷。

《战国策》

张仪为秦破从连横

张仪为秦破从连横，说楚王曰：『秦地半天下，兵敌四国，被山带河，四塞以为固①。虎贲之士百余万，车千乘，骑万匹，粟如丘山。法令既明，士卒安难乐死。主严以明，将知以武。虽无出兵甲，席卷常山之险，折天下之脊②，天下后服者先亡。且夫为从者，无以异于驱群羊而攻猛虎也。夫虎之与羊，不格明矣③。今大王不与猛虎而与群羊，窃以为大王之计过矣。』

『凡天下强国，非秦而楚，非楚而秦。两国敌侔交争④，其势不两立。而大王不与秦，秦下甲兵，据宜阳，韩之上地不通⑤；下河东，取成皋，韩必入臣于秦。韩入臣，魏则从风而动。秦攻楚之西，韩、魏攻其北，社稷岂得无危哉？』

『且夫约从者，聚群弱而攻至强也。夫以弱攻强，不料敌而轻战，国贫而骤举兵，此危亡之术也。臣闻之，兵不如者，勿与挑战；粟不如者，勿与持久。夫从人者，饰辩虚辞，高主之节行，言其利而不言其害，卒有楚祸，无及为已⑥，是故愿大王之熟计之也。』

『秦西有巴蜀，方船积粟，起于汶山⑦，循江而下，至郢三千余里。舫船载卒，一舫载五十人，与三月之粮，下水而浮⑧，一日行三百余里；里数虽多，不费马汗之劳，不至十日而距扞关⑨；扞关惊，则从竟陵已东，尽城守矣⑩，黔中、巫郡非王之有已。秦举甲出之武关，南面而攻，则北地绝。秦兵之攻楚也，危难在三月之内。而楚恃诸侯之救，在半岁之外，此其势不相及也。夫恃弱国之救，而忘强秦之祸，此臣之所以为大王之患也。且大王尝与吴人五战三胜而亡之，陈卒尽矣⑪；有偏守新城而居民苦矣。臣闻之，攻大者易危，而民弊者怨于上。夫守易危之功，而逆强秦之心，臣窃为大王危之。』

『且夫秦之所以不出甲于函谷关十五年以攻诸侯者，阴谋有吞天下之心也。楚尝与秦构难，战于汉中。楚人不胜，通侯、执珪死者七十余人⑫，遂亡汉中。楚王大怒，兴师袭秦，战于蓝田⑬，又却。此所谓两虎相搏者也。夫秦、楚相弊，而韩、魏以全制其后，计无过于此者矣⑭，是故愿大王熟计之也。』

『秦下兵攻卫、阳晋，必扃天下之匈⑮，大王悉起兵以攻宋，不至数月而宋可举。举宋而东指，则泗上十二诸侯⑯，尽王之有已。』

『凡天下所信约从亲坚者苏秦，封为武安君而相燕，即阴与燕王谋破齐共分其地⑰。乃佯有罪，出走入齐，齐王因受而相之。居二年而觉，齐王大怒，车裂苏秦于市⑱。夫以一诈伪反覆之苏秦，而欲经营天下，混一诸侯，其不可成也亦明矣。』

『今秦之与楚也，接境壤界，固形亲之国也⑲。大王诚能听臣，臣请秦太子入质于楚，楚太子入质于秦，请以秦女为大王箕帚之妾，效万家之都，以为汤沐之邑⑳，长为昆弟之国，终身无相攻击。臣以为计无便于此者。故敝邑秦王，使臣献书大王之从车下风，须以决事。』

楚王曰：『楚国僻陋，托东海之上。寡人年幼，不习国家之长计。今上客幸教以明制，寡人闻之，敬以国从。』乃遣使车百乘，献骇鸡之犀、夜光之璧于秦王㉑。

【注释】

①四国：四方之国，统指众诸侯国。被山带河：以山为被，以河为带，等于说山绕河围。②折天下之脊：折断天下诸侯的脊梁。因为常山同太行山相连，因此说『折天下之脊』。③不格明矣：不用格斗，胜负可自明。格，格斗，抵敌。④侔：齐等，相等。⑤韩之上地：即韩国的上党之地；另一说，韩国的上流之地。⑥饰辩虚辞：修饰雄辩虚

假的言辞。卒有楚祸：结果发生了秦国进攻楚国的祸患。⑦方船：两船并排连接。汶山：即岷山，现今四川松潘县北部。⑧舫船：通方船。⑨马汗：即汗马。距：至，到达。扞关：古代关名，现今湖北长阳县西部。⑩竟陵：楚国地名，现今湖北天门县。⑪陈卒：即阵卒，等于说：上阵的士卒。⑫通侯：即彻侯，爵位名，指功德通于王室的侯爵。⑬蓝田：地名，现今陕西蓝田县西部。⑭以全制其后：以全力控制后方。过：误，错。⑮必扃天下之匈：一定关闭了天下的大门。扃，关闭，闭锁。匈通胸。⑯东指：向东前进。指，向一定的目标前进。泗上十二诸侯：泗水岸边有十二个诸侯小国，如滕、薛、邾、莒、宋、鲁等国。⑰阴：暗中，背后。⑱车裂：是古代一种酷刑，俗称五马分尸。⑲固形亲之国：本来地理形势上就是亲近的邻邦。⑳秦太子：名荡，指后来的秦武王。楚太子：名横，指后来的顷襄王。箕帚之妾：等于说：从事洒扫之事的贱妾，这是古代人对嫁女的一种谦虚说法。箕：簸箕。帚，扫除的工具。效万家之都：进献拥有万户人家的城市。㉑骇鸡之犀：犀角名。欲往啄米，至辄惊却。所以南人将之称作骇鸡。

张仪为秦连横说赵王

张仪为秦连横，说赵王曰：『弊邑秦王使臣敢献书于大王御史。大王收率天下以傧秦①，秦兵不敢出函谷关十五年矣。大王之威，行于天下山东。弊邑恐惧慑伏，缮甲厉兵，饰车骑，习驰射，力田积粟，守四封之内，愁居慑处，不敢动摇，唯大王有意督过之也②。今秦以大王之力，西举巴蜀，并汉中，东收两周而西迁九鼎，守白马之津③。秦虽辟远，然而心忿悁含怒之日久矣④。今寡君有敝甲钝兵，军于渑池，愿渡河逾漳，据番吾，迎战邯郸之下。愿以甲子之日合战，以正殷纣之事⑤。敬使臣先以闻于左右⑥。』

『凡大王之所信以为从者⑦，恃苏秦之计。荧惑诸侯，以是为非，以非为是，欲反覆齐国而不能，自令车裂于齐之市⑧。夫天下之不可一亦明矣。今楚与秦为昆弟之国，而韩、魏称为东蕃之臣，齐献鱼盐之地，此断赵之右臂也。夫断右臂而求与人斗，失其党而孤居，求欲无危，岂可得哉？今秦发三将军，一军塞午道，告齐使兴师度清河，军于邯郸之东；一军军于成皋，驱韩、魏而军于河外⑨；一军军于渑池。约曰：「四国为一以攻赵，破赵而四分其地。」是故不敢匿意隐情，先以闻于左右。臣窃为大王计，莫如与秦遇于渑池，面相见而身相结也。臣请案兵无攻，愿大王之定计。』

赵王曰：『先王之时，奉阳君相，专权擅势，蔽晦先王，独制官事⑩。寡人宫居，属于师傅，不能与国谋。先王弃群臣，寡人年少，奉祠祭之日浅，私心固窃疑焉⑪。以为一从不事秦，非国之长利也。乃且愿变心易虑，剖地谢前过以事秦。方将约车趋行，而适闻使者之明诏⑫。』于是乃以车三百乘入朝渑池，割河间以事秦。

【注释】

①收率：联合率领。傧：通摈，摈弃，排斥。②慑伏：也作慑服，由于畏惧而屈服。慑，恐惧，害怕。饰：治，有整备的意思。不敢动摇：等于说不敢有所动作。督过：深责其过。③白马之津：指白马津，黄河渡口，现今河南滑县北一部。④辟远：偏僻遥远。辟，通僻。忿悁：怨怒，愤恨。⑤以正殷纣之事：等于说按照武王伐纣之事那样办理。⑥『敬使』句：秦王特以此事敬告大王陛下。闻：意即告之。⑦凡：大抵。⑧荧惑：也作营惑，意即迷惑，炫惑。反覆：翻复，意即推翻。⑨河外：指黄河以南。⑩蔽晦：遮蔽隐藏，意即蒙蔽。独制：独断控制。⑪私心固窃疑焉：对合纵本来私下心里就怀疑。焉，兼词，于之，指对合纵之策。之，指代合纵之策。⑫趋：通趣，催促，急促。诏：告诉。

秦围赵之邯郸

秦围赵之邯郸。魏安釐王使将军晋鄙救赵①。畏秦，止于荡阴②，不进。魏王使客将军辛垣衍间入邯郸③，因平原君谓赵王曰：『秦所以急围赵者，前与齐湣王争强为帝，已而复归帝④，以齐故。今齐已益弱，方今唯秦雄天下，此非必贪邯郸，其意欲求为帝。赵诚发使尊秦昭王为帝，秦必喜，罢兵去。』平原君犹豫未有所决。

此时鲁仲连适游赵，会秦围赵⑤。闻魏将欲令赵尊秦为帝，乃见平原君曰：『事将奈何矣？』平原君曰：『胜也何敢言事？百万之众折于外⑥，今又内围邯郸而不能去⑦。魏王使将军辛垣衍令赵帝秦。今其人在是，胜也何敢言事？』鲁连曰：『始吾以君为天下之贤公子也，吾乃今然后知君非天下之贤公子也。梁客辛垣衍安在？吾请为君责而归之⑧。』平原君曰：『胜请召而见之于先生。』平原君遂见辛垣衍曰：『东国有鲁连先生⑨，其人在此，胜请为绍介而见之于将军。』辛垣衍曰：『吾闻鲁连先生，齐国之高士也。衍，人臣也，使事有职⑩。吾不愿见鲁连先生也。』平原君曰：『胜已泄之矣。』辛垣衍许诺。

鲁连见辛垣衍而无言。辛垣衍曰：『吾视居此围城之中者，皆有求于平原君者也。今吾视先生之玉貌，非有求于平原君者，曷为久居此围城之中而不去也？』鲁连曰：『世以鲍焦无从容而死者⑪，皆非也。今众人不知，则为一身。彼秦者，弃礼义而上首功之国也⑫。权使其士，虏使其民。彼将肆然而为帝，过而遂正于天下⑬，则连有赴东海而死矣。吾不忍为之民也！所为见将军者，欲以助赵也。』辛垣衍曰：『先生助之奈何？』鲁连曰：『吾将使梁及燕助之。齐、楚则固助之矣。』辛垣衍曰：『燕则吾请以从矣。若乃梁，则吾乃梁人也，先生恶能使梁助之耶⑭？』鲁连曰：『梁未睹秦称帝之害故也，使梁睹秦称帝之害，则必助赵矣。』辛垣衍曰：『秦称帝之害将奈何？』鲁仲连曰：『昔齐威王尝为仁义矣，率天下诸侯而朝周。周贫且微，诸侯莫朝，而齐独朝之。居岁余，周烈王崩，诸侯皆吊，齐后往。周怒，赴于齐曰⑮：「天崩地坼，天子下席⑯。东藩之臣田婴齐后至，则斮之⑰。」威王勃然怒曰：「叱嗟，而母婢也⑱。」卒为天下笑。故生则朝周，死则叱之，诚不忍其求也。彼天子固然，其无足怪。』辛垣衍曰：『先生独未见夫仆乎？十人而从一人者，宁力不胜，智不若耶？畏之也。』鲁仲连曰：『然梁之比于秦若仆耶？』辛垣衍曰：『然。』鲁仲连曰：『然吾将使秦王烹醢梁王⑲。』辛垣衍怏然不悦曰：『嘻，亦太甚矣，先生之言也！先生又恶能使秦王烹醢梁王？』

鲁仲连曰：『固也，待吾言之。昔者，鬼侯、鄂侯、文王，纣之三公也。鬼侯有子而好，故入之于纣[20]，纣以为恶，醢鬼侯。鄂侯争之急，辨之疾，故脯鄂侯。文王闻之，喟然而叹，故拘之于牖里之库百日，而欲舍之死。曷为与人俱称帝王，卒就脯醢之地也？齐闵王将之鲁，夷维子执策而从，谓鲁人曰：「子将何以待吾君？」鲁人曰：「吾将以十太牢待子之君[21]。」维子曰：「子安取礼而来待吾君？彼吾君者，天子也。天子巡狩，诸侯辟舍，纳筦键，摄衽抱几，视膳于堂下，天子已食，退而听朝也。」鲁人投其籥，不果纳[22]。不得入于鲁，将之薛，假涂于邹[23]。当是时，邹君死，闵王欲入吊。夷维子谓邹之孤曰[24]：「天子吊，主人必将倍殡柩[25]，设北面于南方，然后天子南面吊也。」邹之群臣曰：「必若此，吾将伏剑而死。」故不敢入于邹。邹、鲁之臣，生则不得事养，死则不得饭含[26]。然且欲行天子之礼于邹、鲁之臣，不果纳。今秦万乘之国，梁亦万乘之国。俱据万乘之国，交有称王之名，睹其一战而胜，欲从而帝之，是使三晋之大臣不如邹、鲁之仆妾也[27]。且秦无已而帝[28]，则且变易诸侯之大臣。彼将夺其所谓不肖，而予其所谓贤；夺其所憎，而与其所爱。彼又将使其子女谗妾其诸侯妃姬，处梁之宫，梁王安得晏然而已乎[29]？而将军又何以得故宠乎？』

于是，辛垣衍起，再拜谢曰：『始以先生为庸人，吾乃今日而知先生为天下之士也。吾请去，不敢复言帝秦。』秦将闻之，为却军五十里[30]。

适会魏公子无忌夺晋鄙军以救赵击秦，秦军引而去[31]。于是平原君欲封鲁仲连。鲁仲连辞让者三，终不肯受。平原君乃置酒，酒酣，起前以千金为鲁连寿[32]。鲁连笑曰：『所贵于天下之士者，为人排患、释难、解纷乱而无所取也。即有所取者[33]，是商贾之人也，仲连不忍为也。』遂辞平原君而去，终身不复见。

【注释】

①魏安釐王：魏昭王的儿子，名圉，信陵君无忌的异母兄。晋鄙：魏国大将。②荡阴：即汤阴，当时为赵、魏两国交界处。位于河南汤阴县。③客将军：指别国人在本国任将军。④前与齐湣王争强为帝，已而复归帝：秦昭王十九年，昭王与齐湣王相约同时称帝。昭王称西帝，湣王称东帝。后齐湣王接受苏代劝告，废去帝号。秦昭王也除去西帝的称号。复归帝，这里意思是废去帝号。⑤鲁仲连：又叫鲁连，是齐国高士，此人一生不做官，好为人排难解忧。适：恰巧。会：遇到。⑥百万之众折于外：在外面百万军队遭到损失。『百万』夸张说法。⑦不能去：意即无法使他们撤离。⑧梁客：即魏客，指辛垣衍。魏国建都大梁，所以也称作梁。⑨东国：即齐国。齐在赵东，故称。⑩使事有职：因事做使节，有职务在身。⑪鲍焦：周时隐士，对时政心怀不满，廉洁自守，以打柴及拾橡实谋生，后抱树而死。从容：举动，意即作为。⑫上首功之国：崇尚斩首之功的国家，等于说根据杀敌的多少，作为计算功劳大小晋级标准的国家。上，通尚，崇尚。⑬肆然而为帝：肆无忌惮地自称为帝。过：甚，进一步。正于天下：以政令统治天下各国。正，通。政，政令。⑭恶：疑问词，怎么，哪里。⑮周：即周显王。赴：通讣，报丧；告诉。⑯天崩地坼：喻指周天子死亡。崩，塌。坼，裂。下席：这里指离开原来的宫室，寝于草席上守丧。⑰田婴齐：指齐威王，姓田，名因齐。婴，与因古音同。斮通斫，斩首。⑱叱嗟：怒斥声，相当于呸。而：通尔，你的。⑲烹醢：古代的酷刑。烹，烹煮。醢，剁成肉酱。⑳子：这里指女儿。好：美丽。入：进献。㉑太牢：牛羊猪各一口称太牢。古时款待诸侯用十太牢。㉒投其籥：指闭门下锁。籥，通钥。不果纳：即果不纳，终于不让他入境。㉓假涂：借道。㉔孤：即邹国的新君，父死称孤。㉕倍殡柩：将灵柩换到相反的方位。古代以坐北朝南为正位，故国君的灵柩放在北面。天子前来吊丧，天子要面向南，这样就得将灵柩移到坐南朝北的方位。㉖饭含：古代殡礼，在死者口中安放一些粮食，

称作饭；在死者口中安放玉石称作含。㉗睹：三晋：指韩、赵、魏三国。晋国本是春秋时的强国，后来分裂成韩、赵、魏。㉘无已而帝：等于说若不加制止而终于使秦为帝。无已，意即欲为之而不止。㉙子女：此处专指女。逸妄：喜欢说别人坏话的妄妇。晏然：安逸，犹言平安快乐。㉚却：即退却。㉛魏公子无忌：即信陵君。㉜寿：意即祝福长寿。㉝即：如，如果。

张仪为秦连横说韩王

张仪为秦连横说韩王曰：『韩地险恶，山居，五谷所生，非麦而豆；民之所食，大抵豆饭藿羹①；一岁不收，民不厌糟糠②；地方不满九百里，无二岁之所食。料大王之卒，悉之不过三十万，而厮徒负养在其中矣③，为除守徼亭鄣塞④，见卒不过二十万而已矣。秦带甲百余万，车千乘，骑万匹，虎贲之士，痳睪科头⑤，贯颐奋戟者⑥，至不可胜计也。秦马之良，戎兵之众，探前䂻后，蹄间三寻者，不可称数也。山东之卒，被甲冒胄以会战，秦人捐甲徒裎以趋敌⑦，左挈人头，右挟生虏。夫秦卒之与山东之卒也，犹孟贲之与怯夫也⑧；以重力相压，犹乌获之与婴儿也⑨。夫战孟贲、乌获之士，以攻不服之弱国，无以异于堕千钧之重，集于鸟卵之上，必无幸矣。诸侯不料兵之弱，食之寡，而听从人之甘言好辞，比周以相饰也⑩，皆言曰：「听吾计则可以强霸天下。」夫不顾社稷之长利，而听须臾之说，诖误人主者⑪，无过此者矣。』

『大王不事秦，秦下甲据宜阳，断绝韩之上地⑫，东取成皋、宜阳，则鸿台之宫、桑林之苑⑬，非王之有已。夫塞成皋⑭，绝上地，则王之国分矣。先事秦则安矣，不事秦则危矣。夫造祸而求福，计浅而怨深，逆秦而顺楚，虽欲无亡，不可得也。故为大王计，莫如事秦。秦之所欲莫如弱楚，而能弱楚者莫如韩。非以韩能强于楚也，其地势然也。今王西面事秦以攻楚，为敝邑，秦王必喜。夫攻楚而私其地⑮，转祸而说秦，计无便于此者也。是故秦王使使臣献书大王御史，须以决事⑯。』韩王曰：『客幸而教之，请比郡县，筑帝宫，祠春秋，称东藩，效宜阳。』

【注释】

①藿：指豆叶。②厌：同餍，饱。③厮徒负养：杂役与苦力。④徼亭：边界上的瞭望亭。鄣塞：即障塞，指边界上险要的堡垒。鄣同障。⑤痳睪：腾跳踊跃。科头：犹言空头，光着头，指不戴头盔。⑥贯颐：被箭射穿了面颊。贯，射中，射穿。颐，面颊。贯，读为弯。颐，指弓名。⑦裎：赤裸着身体。⑧孟贲：勇士的名字。⑨乌获：勇士的名字。⑩比周：结党。⑪诖误：贻误，在此处指连累。⑫上地：指上党之地。⑬鸿台之宫、桑林之苑：均为韩国的宫苑。⑭塞：封锁。⑮私：独据，独占。⑯须以决事：敬待大王裁决。须，待也。

苏秦从燕之赵始合从

苏秦从燕之赵，始合从，说赵王曰①：『天下之卿相人臣，乃至布衣之士，莫不高贤大王之行义，皆愿奉教陈忠于前之日久矣②。虽然，奉阳君妒，大王不得任事，是以外客游谈之士无敢尽忠于前者。今奉阳君捐馆舍，大王乃今然后得与士民相亲，臣故敢献其愚，效愚忠。为大王计，莫若安民无事，请无庸有为也③。安民之本，在于择交④。择交而得则民安，择交不得则民终身不得安。请言外患：齐、秦为两敌，而民不得安；倚秦攻齐，而民不得安；倚齐攻秦，而民不得安。故夫谋人之主，伐人之国，常苦出辞断绝人之交⑤。愿大王慎无出于口也⑥。』

『请屏左右⑦，白言所以异，阴阳而已矣。大王诚能听臣，燕必致毡裘狗马之地⑧，齐必致海隅鱼盐之地，楚必致桔柚云梦之地，韩、魏皆可使致封地汤沐之邑，贵戚父兄皆可以受封侯⑨。夫割地效实，五伯之所以覆军禽将而求也⑩；封侯贵戚，汤、武之所以放杀而争也⑪。今大王垂拱而两有之⑫，是臣之所以为大王愿也。大王与秦，则秦必弱韩、魏；与齐，则齐必弱楚、魏。魏弱则割河外⑬，韩弱则效宜阳。宜阳效则上郡绝，河外割则道不通，楚弱则无援。

此三策者，不可不熟计也。夫秦下轵道则南阳动，劫韩、包周则赵自销铄，据卫、取淇则齐必入朝[14]。秦欲已得行于山东，则必举甲而向赵[15]。秦甲涉河逾漳，据番吾[16]，则兵必战于邯郸之下矣。此臣之所以为大王患也。」

「当今之时，山东之建国，莫如赵强。赵地方二千里，带甲数十万，车千乘，骑万匹，粟支十年[17]；西有常山，南有河、漳，东有清河[18]，北有燕国。燕固弱国，不足畏也。且秦之所畏害于天下者莫如赵[19]。然而秦不敢举兵甲而伐赵者，何也？畏韩、魏之议其后也。然则韩、魏，赵之南蔽也[20]。秦之攻韩、魏也，则不然。无有名山大川之限，稍稍蚕食之[21]，傅之国都而止矣。韩、魏不能支秦，必入臣于秦[22]。秦无韩、魏之隔，祸必中于赵矣。此臣之所以为大王患也。」

「臣闻尧无三夫之分，舜无咫尺之地[23]，以有天下。禹无百人之聚，以王诸侯[24]。汤、武之卒不过三千人，车不过三百乘，立为天子。诚得其道也[25]。是故明主外料其敌国之强弱，内度其士卒之众寡、贤与不肖，不待两军相当，而胜败存亡之机节，固已见于胸中矣，岂掩于众人之言，而以冥冥决事哉[26]！」

「臣窃以天下地图案之[27]，诸侯之地五倍于秦，料诸侯之卒，十倍于秦。六国并力为一，西面而攻秦，秦破必矣。今见破于秦，西面而事之，见臣于秦[28]。夫破人之与破于人也，臣人之与臣于人也，岂可同日而言之哉[29]？夫横人者，皆欲割诸侯之地以与秦成[30]。与秦成，则高台榭，美宫室，听竽瑟之音，察五味之和，前有轩辕，后有长姣，美人巧笑，卒有秦患，而不与其忧。是故横人日夜务以秦权恐愒诸侯[31]，以求割地。愿大王之熟计之也。」

「臣闻明王绝疑去谗，屏流言之迹，塞朋党之门[32]，故尊主广地强兵之计，臣得陈忠于前矣。故窃为大王计，莫如一韩、魏、齐、楚、燕、赵，六国从亲，以傧畔秦[33]。令天下之将相，相与会于洹水之上，通质刑白马以盟之[34]。约曰：秦攻楚，齐、魏各出锐师以佐之，韩绝食道，赵涉河、漳，燕守常山之北。秦攻韩、魏，则楚绝其后，齐出锐师以佐之，赵涉河、漳，燕守云中[35]。秦攻齐，则楚绝其后，韩守成皋，魏塞午道，赵涉河、漳、博关[36]，燕出锐师以佐之。秦攻燕，则赵守常山，楚军武关，齐涉渤海，韩、魏出锐师以佐之。秦攻赵，则韩军宜阳，楚军武关，魏军河外，齐涉清河，燕出锐师以佐之。诸侯有先背约者，五国共伐之。六国从亲以摈秦，秦必不敢出兵于函谷关以害山东矣！如是则伯业成矣！』

赵王曰：『寡人年少，莅国之日浅[37]，未尝得闻社稷之长计。今上客有意存天下[38]，安诸侯，寡人敬以国从。』乃封苏秦为武安君，饰车百乘，黄金千镒，白璧百双，锦绣千纯，以约诸侯[39]。

【注释】

①始合从：开始推行合纵之策。从，通纵。赵王：即赵肃侯。②高贤：推重，称许。贤：尊崇。奉教：领教，受教。意即奉献政治教化的办法。陈忠：陈述忠诚。③无庸有为：不用有所作为。庸，用。④择交：选择邦交，选择亲近的国家。交，邦交。⑤谋人之主：谋划其他国家的君主。常苦出辞：常常焦思苦想造出动听的语言。⑥『愿大王』句：请大王千万谨慎，一定不要说这样的话。⑦请屏左右：请回避左右的人。屏：除去，排除。⑧毡裘：毡：毛毡。裘：毛皮。⑨海隅：意即海边。柚：柚子，也叫文旦。⑩效实：进献财货。实，即实物，财货。禽：通擒。⑪放杀：即商汤放逐夏桀、武王诛杀商纣。⑫垂拱：垂衣拱手，原意是无为而治，这里指不费心力而得到。⑬河外：魏国地区名，这里当指西河以外，即陕西大荔县至澄城县以北地区。⑭轵道：道路名，在现今河南济源县东南部。原属魏国轵邑，后被秦国夺取，为冀北平原进入山西高原的孔道，自古是兵家必争之地。南阳：郡名，在现今河南南阳地区嵩山的南部一带地区。销铄：金属熔化，这里比喻国家削弱。淇：淇水，在现今河南北部地区，为古黄河支流。⑮举甲：举兵，兴兵。⑯番吾：赵国地名，在现今河北磁县。⑰带甲：战士。车：战车。一车四马为一乘。骑：战马。粟支十年：粮食可供十年。⑱常山：本名恒山，汉时避文帝刘恒之讳改名常山。在现今河北曲阳县西北一带。清河：古河名，

上源称洹水，经今河南安阳向东流，再向东北流至现河北东南部，约在现山东平原县以北入古黄河。⑲畏害：畏忌，畏惧害怕。⑳蔽：屏蔽，屏障。㉑稍稍：渐渐。㉒『韩、魏』句：韩、魏两国不能对付秦国，就一定会屈服于秦国。臣：服，屈服。㉓咫：古代八寸。咫尺：言距离很小。㉔百人之聚：百人的居民点。聚，聚落，居民点。王：用如动词，做王，统治。㉕道：正道，正确的主张、措施。㉖度：揣度，估量。不肖：不贤。相当：相对。机节：要领，事理的关键。掩：蔽，受蒙蔽。冥冥：昏暗，糊里糊涂。㉗案：通按，查看。㉘见破于秦：被秦所攻破。见臣于秦：被秦所臣服。㉙破人：攻破敌人。破于人：被敌人攻破。臣人：使别人臣服。臣于人：被他人所臣服。同日而语：意即相提并论。㉚横人：指连横家，游说连横的人。成：讲和。㉛权：权力，这里指威势。恐猲：恐吓。猲，通喝，吓唬。㉜朋党：这里指同类的人为自私目的相互勾结。㉝一：统一，联合。傧畔秦：意即抗拒秦国。傧，通摈，排斥。畔，通叛，反抗，背叛。㉞洹水：古水名，在现今河南省北部地区，现名安阳河，下流即古清河。通质：交质，互换人质。刑：杀。㉟云中：地区名，大约在现今山西、陕西两省北沿至内蒙古黄河南岸伊克昭盟一带地区。㊱成皋：古代军事要地，在现河南荥阳县汜水镇以西。午道：地名，现今山东聊城县以西。博关：地名，现今山东茌平县博平镇东北一带地区。㊲莅国：在位，当国。㊳上客：尊重的客人，即苏秦。上，敬辞。㊴饰车：有文饰的车辆。纯：布帛的计量单位，即匹。约：约结，这里指用合纵之策约结。

第八章　杂家

杂家概述

杂家是诸子百家之一，战国末期的综合学派。它的代表人物是：吕不韦、刘安。主要作品有：《吕氏春秋》《淮南子》。它『兼儒墨、合名法』，『于百家之道无不贯综』（《汉书·艺文志》及颜师古注），因此被称为杂家。杂家博采各家之长，兼收并蓄，通过对各家言论的采集，来表达其政治意图和学术主张。战国末期，由于激烈的社会变革，封建制国家陆续出现，新兴地主阶级便要求在政治上、思想上的统一。在这种趋势的推动下，就出现了杂家的兼容并包，大体上反映了战国末期学术思想融合统一的发展要求。

《淮南子》

【导读】

《淮南子》又名《淮南鸿烈》《刘安子》，是一部论文集，由西汉皇族淮南王刘安主持撰写。据《汉书·艺文志》：『淮南内二十一篇，外三十三篇。』颜师古注曰：『内篇论道，外篇杂说。』现今所存的二十一篇，大概都是原说的内篇所遗。全书内容庞杂，综合了诸子百家学说的精华部分，主要的宗旨倾向于道家，《汉书·艺文志》则将它列入杂家。它的通篇主题为『道』，既讲自然之道，也讲治世之道，提出了『漠然无为而无不为』『漠然无治而无不治』的政治理想。

《原道训》（节选）

夫道者，覆天载地，廓四方①，柝八极②，高不可际③，深不可测，包裹天地，禀授无形④。原流泉浡⑤，冲而徐盈⑥；混混滑滑⑦，浊而徐清。故植之而塞于天地，横之而弥于四海，施之无穷，而无所朝夕⑧。舒之幎于六合⑨，卷之不盈于一握。约而能张⑩，幽而能明，弱而能强，柔而能刚。横四维而含阴阳，纮宇宙而章三光⑪。甚淖而滒⑫，甚纤而微，山以之高，渊以之深，兽以之走，鸟以之飞，日月以之明，星历以之行，麟以之游，凤以之翔，泰古二皇⑬，得道之柄，立于中央，神与化游，以抚四方⑭。是故能天运地滞⑮，轮转而无废⑯，水流而不止，与万物终始。风兴云蒸，事无不应⑰；雷声雨降，并应无穷。鬼出电入⑱，龙兴鸾集；钧旋毂转⑲，周而复匝。已雕已琢，还反于朴。无为为之而合于道，无为言之而通乎德，恬愉无矜而得于和⑳，有万不同而便于性㉑。神托于秋豪之末，而大宇宙之总。其德优天地而和阴阳，节四时而调五行㉒。呴谕覆育㉓，万物群生，润于草木，浸于金石，禽兽硕大，豪毛润泽，羽翼奋㉔也，角觡㉕生也，兽胎不贕，鸟卵不毈㉖，父无丧子之忧，兄无哭弟之哀，童子不孤，妇人不孀㉗，虹蜺㉘不出，贼星㉙不行，含德之所致也。

夫太上之道，生万物而不有，成化像而弗宰。跂行喙息㉚，蠉飞蠕动㉛，待而后生，莫之知德㉜；待之后死，莫之能怨。得以利者不能誉，用而败者不能非。收聚畜积而不加富，布施禀授而不益贫。旋县㉝而不可究，纤微而不可勤㉞，累之而不高，堕之而不下，益之而不众，损之而不寡，斲之而不薄，杀之而不残，凿之而不深，填之而不浅。忽兮怳兮，不可为象兮㉟；怳兮忽兮，用不屈兮㊱。幽兮冥兮，应无形兮；遂兮洞兮，不虚动兮㊲；与刚柔卷舒兮，与阴阳俛仰㊳兮。

【注释】

①廓：张。②析八极：展开遍于四面八方。析，开；八极，八方之极处。③高不可际：高到没有边际。④禀授无形：万物禀受无形之道而生。⑤浡：涌出。⑥冲而徐盈：由虚慢慢变满。冲，虚；徐，慢慢。⑦混混滑滑：水流翻滚的样子。⑧无所朝夕：无朝夕盛衰。⑨幎于六合：笼罩上下四方。幎，覆盖，笼罩；六合，上下四方。⑩约而能张：细小而能扩大。⑪纮宇宙而章三光：维系着天地，布开日月星辰。纮，系；三光，日、月、星。⑫甚淖而滒：柔软易变的样子。淖，湿泥；滒，多汁黏稠的粥。⑬泰古二皇：古代的伏羲、神农，此处影射阴阳二气。泰，即『太』。⑭抚：安抚。

四方：天下。⑮天运地滞：天地运行停止。滞，停止。⑯废：休止。⑰应：应当。⑱鬼出电入：指出入无踪，异常迅速。『电入』，或作『神入』。⑲钧旋毂转：指旋转变化的过程。钧，古代制造陶器所用的转轮。毂，车轮中心的圆木，周围与车辐的一端相接，中有圆孔，可以插轴。⑳恬愉无矜：无所好恶，不自矜夸。㉑有万不同而便于性：万物不同，能于便性者不欲。㉒五行：金、木、水、火、土。㉓呴谕覆育：呴谕，或作『呴妪』，温煦恤养。㉔奋：壮。㉕角觡：鹿角与麋角。角，鹿角；觡，麋鹿有分叉的角。㉖兽胎不赎，鸟卵不毈：指鸟兽不能孵育出下一代。赎，卵未孵出雏而坏死；毈，蛋内坏散，孵不成小鸟。㉗童子不孤，妇人不孀：小孩子不会失去父亲，妇女不会失去丈夫。㉘虹蜺：虹霓，古代认为这是不祥的征兆。㉙贼星：妖星，指异常的星相。据《御览》：『五星逆行谓之贼星也。』㉚跂行喙息：指鸟兽行走和呼吸。㉛蠉飞蠕动：虫类飞行和运动。蠉，虫子屈曲爬行或飞。㉜莫之知德：谁也不知道感谢它。㉝旋县：当为『旋绵』，微小。㉞勤：尽。㉟忽兮怳兮，不可为象兮：恍恍惚惚，无形无象。怳，同『恍』。㊱不屈：无穷无尽。㊲遂兮洞兮，不虚动兮：道深邃无边，它的运动是真实的。遂，深远；洞，幽深。㊳俛仰：即俯仰，升降。悦，通『俯』。

《览冥训》（节选）

往古之时，四极废，九州裂，天不兼覆，地不周载，火爁炎而不灭①，水浩洋而不息，猛兽食颛民②，鸷鸟③攫老弱。于是女娲炼五色石以补苍天，断鳌足以立四极，杀黑龙以济冀州，积芦灰④以止淫水⑤。苍天补，四极正，淫水涸，冀州平，狡虫死，颛民生。背方州，抱圆天，和春阳夏，杀秋约冬⑥，枕方寝绳⑦，阴阳之所壅沉不通者，窍⑧理之；逆气戾物伤民厚积者，绝止之。当此之时，卧倨倨，兴眄眄⑨，一自以为马，一自以为牛，其行蹎蹎⑩，其视瞑瞑⑪，侗然皆得其和，莫知所由生。浮游⑫不知所求，魍魉⑬不知所往。当此之时，禽兽蝮蛇，无不匿其爪牙，藏其螫毒，无有攫噬之心。考其功烈，上际九天，下契黄垆[14]，名声被后世，光晖重万物。乘雷车，服驾应龙，骖青虬[15]，援绝瑞[16]，席萝图[17]，黄云络[18]，前白螭[19]，后奔蛇，浮游消摇，道鬼神，登九天[20]，朝帝于灵门[21]，宓穆休于太祖之下[22]。然而不彰其功，不扬其声，隐真人之道，以从天地之固然。何则？道德上通，而智故消灭也。

逮至夏桀之时，主暗晦而不明，道澜漫而不修，弃捐五帝之恩刑[23]，推蹶三王之法籍[24]。是以至德灭而不扬，帝道掩而不兴，举事戾苍天，发号逆四时，春秋缩其和，天地除其德，仁君处位而不安，大夫隐道而不言，群臣准上意而怀当[25]，疏骨肉而自容，邪人参耦比周而阴谋[26]，居君臣父子之间而竞载，骄主而像其意，乱人以成其事。是故君臣乖而不亲，骨肉疏而不附，植社搞而土堣裂[27]，容台振而掩覆[28]，犬群嗥而入渊，豕衔蓐而席澳[29]，美人挐道墨面而不容[30]，曼声吞炭内闭而不歌[31]，丧不尽其哀，猎不听其乐，西老折胜，黄神啸吟[32]，飞鸟铩翼，走兽废脚，山无峻干，泽无洼水，狐狸首穴，马牛放失，田无立禾，路无莎薠[33]，金积折廉，璧袭无理[34]，磬龟无腹，蓍策日施。

晚世之时，七国异族，诸侯制法，各殊习俗，纵横间之，举兵而相角。攻城滥杀，覆高危安，掘坟墓，扬人骸，大冲车，高重京[35]，除战道，便死路，犯严敌，残不义，百往一反，名声苟盛也。是故质壮轻足者为甲卒，千里之外，家老羸弱，凄怆于内，厮徒马圉，缲车奉饟[36]，道路辽远，霜雪亟集，短褐[37]不完，人羸车弊，泥涂至膝，相携于道，奋首于路，身枕格而死[38]。所谓兼国有地者，伏尸数十万，破车以千百数，伤弓弩矛戟矢石之创者扶举于路，故世至于枕人头，食人肉，菹[39]人肝，饮人血，甘之于刍豢[40]。

故自三代以后者，天下未尝得安其情性而乐其习俗，保其修命而不夭于人虐也[41]。所以然者何也？诸侯力征，天下合而为一家。

逮至当今之时，天子在上位，持以道德，辅以仁义，近者献其智，远者怀其德，拱揖指麾而四海宾服，春秋冬夏皆献其贡职，天下混而为一，子孙相代，此五帝之所以迎天德也。夫圣人者，不能生时，时至而弗失也。辅佐有能，黜谗佞之端，息巧辩之说，除刻削之法，去烦苛之事，屏流言之迹，塞朋党之门，消知能，修太常，隳肢体，绌聪明，大通混冥，解意释神，漠然若无魂魄，使万物各复归其根，则是所修伏牺氏之迹，而反五常之道也。

【注释】

①滥炎：火烧蔓延的样子。②颛民：善良的人们。③鸷鸟：残暴凶猛的鸟。④芦灰：芦苇的灰。⑤淫水：肆虐的洪水。淫，无节制，放肆。⑥和春阳夏，杀秋约冬：春天温暖和煦，夏天烈日燥热，秋天清爽肃杀，冬天冰冷简约。⑦寝绳：用绳子编织成床，睡在上面。⑧窍：通。⑨卧倨倨，兴眄眄：睡的时候没有思虑，起来的时候也懵懂无知。指生命诞生之初无知无虑的样子。⑩蹎蹎：沉重迟缓的样子。⑪瞑瞑：迷乱昏暗的样子。⑫浮游：即蜉蝣，一种昆虫，幼虫生在水中，它的寿命非常短。⑬魍魉：传说中的一种鬼怪。⑭黄垆：黄泉下的垆土，此处代指黄泉，指地下。⑮骖青虬：驾着青色的有角小龙。骖，乘驾。⑯援绝瑞：殊绝的瑞应，援而至之。⑰席萝图：罗列图籍，作为席蓐。或说萝图为车上的席子。⑱黄云络：黄云之气作为车的垂络。这是瑞应相。⑲前白螭：白色的螭龙在前面导行。螭，古代传说中一种没有角的龙。⑳九天：天的最高处，形容极高。传说古代天有九重。也作『九重天』『九霄』。㉑朝帝于灵门：在灵门朝见上帝。㉒宓穆休于太祖之下：宁愿在道的大宗之下和穆止息。宓，宁。穆，和穆。休，止息。㉓弃捐五帝之恩刑：舍弃五帝的恩德与刑法。五帝，传说中的五个古代帝王，指黄帝、颛顼、帝喾、唐尧、虞舜。㉔推蹶三王之法籍：推翻破坏三王的治法典籍。㉕准上意而怀当：迎合上主的意思，不以正道进谏。准，望。怀，思。当，合。㉖参耦比周而阴谋：琢磨比附，私下谋划。㉗埒裂：清王念孙云：《说文》《玉篇》《广韵》皆无『埒』字，『埒』当为『埻』，隶书之误也。《说文》：『埻，坼也。』又云：『罅，裂也。』『埻、罅』古字通。所以，埒裂，即为分

裂之意。㉘容台振而掩覆：不能行礼，天文振动而破坏。容台，行礼容的台。㉙豕衔蓐而席澳：猪衔着蓐席到它的住处，指豕窝。㉚孥道墨面而不容：蓬头垢面，不事修饰。孥道，草与头发一起编织，指头发蓬乱。容，修饰容貌。㉛曼声吞炭内闭而不歌：擅长歌唱的人吞下炭破坏自己的嗓子，不再歌唱。曼声，善歌的人。㉜西老折胜，黄神啸吟：西王母摘下头上戴的胜，喻当时已没有法度；黄帝哀伤道的衰落，啸吟而长叹。西老，或作『西姥』，指西王母。胜，妇人所戴的一种首饰，汉代又叫华胜。㉝莎薠：草名。莎，香附子。薠，古书上说的一种似莎而比莎大的草。㉞金积折廉，璧袭无理：金气积聚，折其锋芒，玉璧没有文理。廉，棱角。㉟高重京：或作『高重垒』，即京观，古代讨伐不敬，取鲸鲵，收骸骨，聚土掩瘗，明京观。㊱厮徒马圉，缒车奉饟：指人们推车送食物。厮，徒。徒，众。圉，养马的地方。缒，推。饟，同『饷』。㊲短褐：古代平民穿的粗布短衣，常用短褐代平民。㊳身枕格而死：指人们困顿扑倒，身体躺在车路上而死。格，同『辂』，古代车辕上用来挽车的横木。㊴菹：剁成肉酱，切碎。㊵刍豢：指牛、羊、猪、狗。牛羊食草，称刍；犬豕食谷，称豢。也泛指祭祀用的牺牲。㊶人虐：人的祸害。

《吕氏春秋》

【导读】

《吕氏春秋》是战国末年（公元前221年前后）秦国丞相吕不韦组织属下门客们集体编纂的杂家著作，又名《吕览》。

吕不韦为战国末年卫国濮阳人，善于经商，因辅助子楚（秦始皇父亲）登上秦王之位而官居秦国丞相。秦始皇继位后，吕不韦被尊为国相，后因『嫪毐之乱』被赐死。《吕氏春秋》共分为八览、六论、十二纪，共二十卷，一百六十篇，二十余万字。内容驳杂，融合儒、道、墨、法、兵、农、纵横、阴阳家等各家思想，《汉书·艺文志》等将其列入杂家。

《贵公》反映了公正的政治思想。作者开篇明义，提出圣王治天下必先公，公则天下太平，并引《尚书·洪范》

论证自己的思想。接着作者又提出『天下非一人之天下，天下之天下』，推崇至公至大的治道，并且根据荆人遗弓的故事来说明『公』的不同层次，此中作者认为道家较儒家更公。作者再引用管仲不以己私荐贤的故事来阐明作者贵公而责私智的思想。

贵公

昔先圣王之治天下也，必先公①。公则天下平矣。平得于公。尝试观于上志②，有得天下者众矣，其得之以公，其失之必以偏③。凡主之立也，生于公。故《洪范》曰④：『无偏无党⑤，王道荡荡。无偏无颇⑥，遵王之义。无或作好⑦，遵王之道。无或作恶，遵王之路。』

天下非一人之天下也，天下之天下也。阴阳之和，不长一类⑧；甘露时雨，不私一物；万民之主，不阿一人⑨。伯禽将行⑩，请所以治鲁⑪。周公曰：『利而勿利也⑫。』荆人有遗弓者，而不肯索，曰：『荆人遗之，荆人得之，又何索焉？』孔子闻之曰：『去其「荆」而可矣⑬。』老聃闻之曰：『去其「人」而可矣⑭。』故老聃则至公矣。天地大矣，生而弗子⑮，成而弗有，万物皆被其泽⑯，得其利，而莫知其所由始⑰。此三皇五帝之德也⑱。

管仲有病，桓公往问之，曰：『仲父之病矣。渍甚⑲，国人弗讳⑳，寡人将谁属国㉑？』管仲对曰：『昔者臣尽力竭智，犹未足以知之也。今病在于朝夕之中㉒，臣奚能言？』桓公曰：『此大事也，愿仲父之教寡人也㉓。』管仲敬诺㉔，曰：『公谁欲相？』公曰：『鲍叔牙可乎？』管仲对曰：『不可。夷吾善鲍叔牙㉕。鲍叔牙之为人也，清廉洁直；视不己若者㉖，不比于人㉗；一闻人之过，终身不忘。』『勿已㉘，则隰朋其可乎？』『隰朋之为人也，上志而下求㉙，丑不若黄帝㉚，而哀不己若者㉛。其于国也，有不闻也；其于物也，有不知也㉜；其于人也，有不见也㉝。勿已乎，则隰朋可也。』夫相，大官也。处大官者，不欲小察㉞，不欲小智㉟，故曰：大匠不斫㊱，大庖不豆㊲，大勇不斗，大兵不寇⑪。桓公行公去私恶，用管子而为五伯长㊴，行私阿所爱，用竖刁而虫出于户㊵。

人之少也愚，其长也智。故智而用私，不若愚而用公。日醉而饰服，私利而立公，贪戾而求王，舜弗能为。

【注释】

①公：公正。②上志：古代的记载。③偏：偏私，不公正。④《洪范》：《尚书》篇名。旧传为箕子向周武王陈述的『天地之大法』。⑤党：偏私，偏袒。⑥颇：偏，不正。⑦或：有。好：私好。⑧不长一类：不只是使一类生物生长。⑨阿：偏袒。⑩伯禽：周公的儿子，周成王封之于鲁。⑪所以治鲁：所用以治理鲁国的方法。⑫周公：周武王之弟，辅佐武王灭纣，武王崩，成王继位，周公辅政成王。利：前一个利指利民，后一个利指自利。⑬去其『荆』而可矣：意思是人得之可也，扩充荆人至所有人，可见孔子之公心大于此荆人。⑭去其『人』而可矣：意思是指天下得之可也，扩充人至天下万类。⑮弗子：生育万物，而不私以为己子。⑯被：蒙受。⑰由始：由来。⑱三皇：伏羲、神农、黄帝。五帝：按吕不韦十二纪的提法，五帝是主管四方、四时和五行之神。黄帝居中，具土德；太皞居东方，具木德，主春，亦称春帝；炎帝居南方，具火德，主夏，亦称炎帝；少皞居西方，具金德，主秋，亦称白帝；颛顼居北方，具水德，主冬，亦称黑帝。⑲渍：病。⑳国人弗讳：指生死不可避忌，意思是指不可避开不谈关于死亡的话。㉑属：委托，交付。㉒在于朝夕之中：指病危，所剩生命不长。㉓仲父：指管仲。这是齐桓公对他的尊称。㉔敬诺：指恭敬答应。㉕夷吾：管仲自称。管仲，字夷吾。善：友好。㉖不己若：不若己，意思是不如自己。㉗不比于人：不与不如自己的人为友。比，并列，挨着。㉘勿已：不要停止。㉙志：志上世贤人而模仿。求：问。下求：向比自己低的人学习。㉚丑不若黄帝：以自己的德行不如黄帝为丑。㉛哀不已若者：对德行不如自己的人感到悲哀。㉜不知：不是他当知之事物，不求知。㉝不见：不见人之小过。㉞小察：苛察。㉟小智：好知小事以自傲。㊱斫：砍。㊲不豆：

不把自己置于容器中。㊳寇：侵害平民。㊴五伯：即春秋五霸，伯，通『霸』。齐桓公为春秋五霸之首。㊵竖刁：春秋时齐国人，是齐桓公的内侍，由于他善于谄媚，投桓公所好，深得桓公宠信。桓公年老，在立太子方面竖刁与桓公宠姬勾结大做文章，致使齐国发生动乱，失去了霸主地位。

诚廉

石可破也，而不可夺坚①；丹可磨也②，而不可夺赤③。坚与赤，性之有也。性也者，所受于天也，非择取而为之也。豪士之自好者，其不可漫以污也④，亦犹此也。昔周之将兴也，有士二人，处于孤竹，曰伯夷、叔齐。二人相谓曰：『吾闻西方有偏伯焉⑤，似将有道者，今吾奚为处乎此哉？』二子西行如周，至于岐阳，则文王已殁矣⑥。武王即位，观周德，则王使叔旦就胶鬲于次四内⑦，而与之盟曰：『加富三等，就官一列。』为三书⑧，同辞⑨，血之以牲，埋一于四内，皆以一归⑩。又使保召公就微子开于共头之下⑪，而与之盟曰：『世为长侯，守殷常祀，相奉桑林，宜私孟诸⑫。』为三书，同辞，血之以牲，埋一于共头之下，皆以一归。伯夷、叔齐闻之，相视而笑曰：『嘻！异乎哉！此非吾所谓道也。昔者神农氏之有天下也，时祀尽敬而不祈福也⑬；其于人也，忠信尽治而无求焉⑭；乐正与为正，乐治与为治；不以人之坏自成也⑮，不以人之庳自高也⑯。今周见殷之僻乱也⑰，而遽为之正与治，上谋而行货⑱，阻丘而保威也⑲，割牲而盟以为信，因四内与共头以明行，扬梦以说众⑳，杀伐以要利㉑，以此绍殷㉒，是以乱易暴也。吾闻古之士，遭乎治世，不避其任㉓；遭乎乱世，不为苟在。今天下暗，周德衰矣。与其并乎周以漫吾身也，不若避之以洁吾行。』二子北行，至首阳之下而饿焉。

人之情，莫不有重，莫不有轻。有所重则欲全之，有所轻则以养所重。伯夷、叔齐，此二士者，皆出身弃生以立其意，轻重先定也。

【注释】

①坚：坚硬的本性。②丹：丹砂。③赤：红色的本质。④漫：沾污。⑤偏伯：指周文王姬昌。⑥殁：去世。⑦叔旦：即周公，文王姬昌第四子，武王弟。胶鬲：殷商时人，起初隐居在商地，周文王将他推荐给殷纣王做大臣。后来纣王暴虐无道，周武王兴兵讨伐。纣王得到了消息，便派胶鬲到鲔水地方等候周武王，打探实情。四内：地名。⑧书：盟书。⑨同辞：指三份盟书是同样的文辞。⑩皆以一归：指周公与胶鬲将一份盟书埋于四内，将另两份各带一份盟书回去。⑪召公：周文王的儿子，武王的弟弟，成王时，召公为保。共头：河名。微子：商纣王的庶兄，名开。⑫孟诸：泽名。⑬尽敬而不祈福：指祭祀时对神尽诚敬之心，而不祈求福报。⑭无求：对民众没有索取。⑮不以人之坏自成：指不以人之坏而成就自己善之名。⑯不以人之庳自高：不以人的低下而成就自己的高明。⑰僻乱：邪僻反常，不合乎正道。⑱行货：做财物交易。指周与胶鬲盟约加富三等的事。⑲阻：险要。阻丘：水出其后，此以水为险。保威：指周与微子誓盟，保商的爵位与祭祀。⑳扬梦：指周武王以梦中灭商之事向士卒宣扬。㉑要：追求。㉒绍：继承。㉓任：职任，指为官以治理天下。

《盐铁论》

【导读】

《盐铁论》是西汉桓宽根据汉昭帝时所召开的盐铁会议记录整理出的一部著作。桓宽，字次公，在汉宣帝时举为郎，后任庐江太守丞。昭帝始元六年（公元前81年），汉廷举行盐铁会议，桑弘羊与贤良文学辩论商鞅之政，由桓宽整理会议记录，写成《盐铁论》一书而传之后世。这次聚会上，贤良文学们提出，盐铁官府垄断专营和『平准均输』等经济政策是造成百姓疾苦的主要原因，所以请求废除盐、铁和酒的官府专营，并取消均输官。

非鞅

大夫①曰：『昔商君相秦也②，内立法度，严刑罚，饬政教，奸伪无所容。外设百倍之利，收山泽之税，国富民强，器械完饰，蓄积有余。是以征敌伐国，攘地斥境③，不赋百姓而师以赡。故用不竭而民不知，地尽西河而民不苦。盐铁之利，所以佐百姓之急，足军旅之费，务蓄积以备乏绝，所给甚众，有益于国，无害于人。百姓何苦尔，而文学何忧也④？』

文学曰：『盖文帝之时，无盐铁之利而民富，今有之而百姓困乏，未见利之所利也，而见其害也。且利不从天来，不从地出，一取之民间，谓之百倍，此计之失者也。无异于愚人，反裘而负薪⑤，爱其毛，不知其皮尽也。夫李梅实多者，来年为之衰；新谷熟者，旧谷为之亏。自天地不能两盈，而况于人事乎？故利于彼者，必耗于此，犹阴阳之不并曜，昼夜之有长短也。商鞅峭法长利⑥，秦人不聊生，相与哭孝公。吴起长兵攻取⑦，楚人搔动⑧，相与泣悼王。其后楚日以危，秦日以弱。故利蓄而怨积，地广而祸构，恶在利用不竭而民不知，地尽西河而人不苦也？今商鞅之册任于内⑨，吴起之兵用于外，行者勤于路，居者匮于室，老母号泣，怨女叹息。文学虽欲无忧，其可得也？』大夫曰：『秦任商君，国以富强，其后卒并六国而成帝业。及二世之时，邪臣擅断，公道不行，诸侯叛弛⑩，宗庙隳亡⑪。《春秋》曰：「末言介，祭仲亡也。」夫善歌者使人续其声，善作者使人绍其功。推车之蝉攫⑫，负子之教也。周道之成，周公之力也⑬。虽有裨谌之草创⑭，无子产之润色⑮，有文、武之规矩，而无周、吕之凿枘⑯，则功业不成。今以赵高之亡秦而非商鞅，犹以崇虎乱殷而非伊尹也⑰。』

文学曰：『善凿者建周而不疲，善基者致高而不蹶⑱。伊尹以尧、舜之道为殷国基，子孙绍位，百代不绝。商鞅以重刑峭法为秦国基，故二世而夺。刑既严峻矣，又作为相坐之法⑲，造诽谤，增肉刑，百姓斋栗⑳，不知所措手足也。赋敛既烦数矣，又外禁山泽之原，内设百倍之利，民无所开说容言。崇利而简义，高力而尚功，非不广壤进地也，然犹人之病水，益水而疾深，知其为秦开帝业，不知其为秦致亡道也。狐刺之凿，虽公输子不能善其枘[21]。畚土之基，虽良匠不能成其高。譬若秋蓬被霜，遭风则零落，虽有十子产，如之何？故扁鹊不能肉白骨[22]，微、箕不能存亡国也[23]。』

大夫曰：『言之非难，行之为难。故贤者处实而效功，亦非徒陈空文而已。昔商君明于开塞之术，假当世之权，为秦致利成业，是以战胜攻取，并近灭远，乘燕、赵，陵齐、楚，诸侯敛衽[24]，西面而向风。其后，蒙恬征胡[25]，斥地千里，逾之河北，若坏朽折腐。何者？商君之遗谋，备饬素修也。故举而有利，动而有功。夫畜积筹策，国家之所以强也。故弛废而归之，民未睹巨计而涉大道也。』

文学曰：『商鞅之开塞，非不行也；蒙恬却胡千里，非无功也；威震天下，非不强也；诸侯随风西面，非不从也；然而皆秦之所以亡也。商鞅以权数危秦国，蒙恬以得千里，亡秦社稷：此二子者，知利而不知害，知进而不知退，故果身死而众败。此所谓恋朐之智[26]，而愚人之计也，夫何大道之有？故曰：「小人先合而后忤，初虽乘马，卒必泣血。」此之谓也。』

大夫曰：『淑好之人，戚施之所妒也；贤知之士，阘茸之所恶也[27]。是以上官大夫短屈原于顷襄公[28]，公伯寮诉子路于季孙[29]。夫商君起布衣，自魏入秦，期年而相之，革法明教，而秦人大治。故兵动而割地，兵休而国富。孝公大说，封之於、商之地方五百里，功如丘山，名传后世。世人不能为，是以相与嫉其能而疵其功也。』

文学曰：『君子进必以道，退不失义，高而勿矜，劳而不伐，位尊而行恭，功大而理顺。故俗不疾其能，而世不妒其业。今商鞅弃道而用权，废德而任力，峭法盛刑，以虐戾为俗，欺旧交以为功，刑公族以立威，无恩于百姓，无信于诸侯，人与之为怨，家与之为仇，虽以获功见封，犹食毒肉，愉饱而罹其咎也。苏秦合纵连横，统理六国，业非不大也；桀、纣与尧、舜并称，至今不亡，名非不长也，然非者不足贵。故事不苟多，名不苟传也。』大夫曰：『缟素不能自分于缁墨㉚，贤圣不能自理于乱世。是以箕子执囚，比干被刑。伍员相阖闾以霸㉛，夫差不道，流而杀之。乐毅信功于燕昭㉜，而见疑于惠王。人臣尽节以徇名，遭世主之不用。大夫种辅翼越王，为之深谋，卒擒强吴，据有东夷，终赐属镂而死㉝。骄主背恩德，听流说，不计其功故也，岂身之罪哉？』

文学曰：『比干剖心，子胥鸱夷㉞，非轻犯君以危身，强谏以干名也。憯怛之忠诚㉟，心动于内，忘祸患之发于外，志在匡君救民，故身死而不怨。君子能行是，不能御非，虽在刑戮之中，非其罪也。是以比干死而殷人怨，子胥死而吴人恨。今秦怨毒商鞅之法，甚于私仇，故孝公卒之日，举国而攻之，东西南北莫可奔走，仰天而叹曰：「嗟乎！为政之弊，至于斯极也！」卒车裂族夷，为天下笑。斯人自杀，非人杀之也。』

【注释】

①大夫：官名，代指肯定派人物。②商君：即商鞅，战国时期政治家，法家代表人物，曾在秦国辅佐秦孝公变法，史称『商鞅变法』。③斥：开拓。④文学：官名，代指否定派人物。⑤反裘：将皮衣反过来穿。⑥峭法：严厉的法令。⑦吴起：战国初期著名政治家、军事家，著有《吴起兵法》。⑧搔：通『骚』。⑨册：通『策』，策略。⑩叛弛：背叛。⑪隳：毁坏。⑫蝉攫：即辕辋，车轮周围的框子。⑬周公：姓姬名旦，周文王第四子，武王死后，成王年幼，由周公摄政。⑭裨谌之草创：裨谌，郑国大夫。典出《论语·宪问》。⑮子产：春秋时郑国人，著名政治家、思想家。⑯周、吕之凿枘：周即周文王；吕即吕尚，也叫姜尚，字子牙。凿，榫卯；枘，榫头。这里比喻双方投契。⑰崇虎：商纣王时诸侯，曾在纣王前谮文王。伊尹：商代初期大臣，以贤能著称。⑱蹶：倒塌。⑲相坐之法：一人犯罪，他人连坐受刑。⑳斋栗：惶恐不安。㉑公输子：即鲁班，春秋末、战国初的能工巧匠，我国土木工匠的始祖。㉒扁鹊：

战国时代著名医学家，著有《内经》与《外经》，已佚。其事迹可参见《史记·扁鹊仓公列传》。㉓微、箕：即微子、箕子，均为商末纣王时代大臣，以贤德著称。㉔敛衽：整饬衣襟，此处指朝拜。㉕蒙恬：秦始皇时著名将领，曾率大军北攻匈奴。其事迹可参见《史记·蒙恬列传》。㉖恋胸：贪恋肉食，比喻无远见。㉗阘茸：卑贱的人。㉘上官大夫：即上官大夫靳尚。顷襄：即楚顷襄王。㉙公伯寮：鲁国人。公伯寮诉子路于季孙，事见《论语·宪问》。㉚缟素：白色的丝织品。缁墨：黑色的丝织品。㉛伍员：即伍子胥。㉜乐毅：战国后期杰出军事家，曾辅佐燕昭王振兴燕国。㉝属镂：剑名。㉞鸱夷：鸱，用兽皮做的袋子，这里指吴王将伍子胥的尸体放入袋中浮于江上。㉟憯怛：忧伤哀痛。

刺权

大夫曰：今夫越之具区①，楚之云梦②，宋之钜野③，齐之孟诸④，有国之富而霸王之资也。人君统而守之则强，不禁则亡。齐以其肠胃予人，家强而不制，枝大而折干，以专巨海之富而擅鱼盐之利也。势足以使众，恩足以恤下，是以齐国内倍而外附⑤。权移于臣，政坠于家，公室卑而田宗强⑥。转毂游海者，盖三千乘⑦，失之于本而末不可救。今山川海泽之原，非独云梦、孟诸也。鼓铸煮盐，其势必深居幽谷，而人民所罕至。奸猾交通山海之际，恐生大奸。乘利骄溢，散朴滋伪，则人之贵本者寡。大农盐铁丞咸阳、孔仅等上请⑧：『愿募民自给费，因县官器，煮盐予用，以杜浮伪之路。』由此观之，令意所禁微，有司之虑亦远矣。

文学曰：有司之虑远，而权家之利近，令意所禁微，有僭奢之道著⑨。自利官之设，三业之起⑩，贵人之家云行于涂⑪，毂击于道⑫，攘公法，申私利，跨山泽，擅官市，非特巨海鱼盐也；执国家之柄，以行海内，非特田常之势，陪臣之权也；威重于六卿，富累于陶、卫⑬，舆服汙于王公，宫室溢于制度，并兼列宅，隔绝闾巷，阁道错连，足以游观⑭，凿池曲道，足以骋骛⑮，临渊钓鱼，放犬走兔，隆豺鼎力⑯，蹋鞠斗鸡，中山素女抚流徵于堂上⑰，鸣鼓巴俞作于堂下[18]，妇女被罗纨，婢妾曳絺纻[19]，子孙连车列骑，田猎出入，毕弋捷健[20]。是以耕者释耒而不勤，百姓冰释而懈怠。何者？己为之而彼取之，僭侈相效，上升而不息，此百姓所以滋伪而罕归本也。

大夫曰：官尊者禄厚，本美者枝茂。故文王德而子孙封，周公相而伯禽富[21]。水广者鱼大，父尊者子贵。《传》曰：『河海润千里。』盛德及四海，况之妻子乎[22]？故夫贵于朝，妻贵于室，富曰苟美，古之道也。《孟子》曰：『王者与人同，而如彼者，居使然也。』居编户之列而望卿相之子孙，是以跛夫之欲及楼季也[23]，无钱而欲千金之宝，不亦虚望哉！

文学曰：禹、稷自布衣[24]，思天下有不得其所者，若己推而纳之沟中，故起而佐尧，平治水土[25]，教民稼穑。其自任天下如此其重也，岂云食禄以养妻子而已乎？夫食万人之力者，蒙其忧，任其劳。一人失职，一官不治，皆公卿之累也。故君子之仕，行其义，非乐其势也。受禄以润贤[26]，非私其利。见贤不隐，食禄不专，此公叔之所以为文[27]，魏成子所以为贤也[28]。故文王德成而后封子孙，天下不以为党，周公功成而后受封，天下不以为贪。今则不然。亲戚相推，朋党相举，父尊于位，子溢于内，夫贵于朝，妻谒行于外[29]。无周公之德而有其富，无管仲之功而有其侈，故编户跛夫而望疾步也。

【注释】

①具区：湖名。又名震泽，即今江苏省的太湖。②云梦：湖泊名。古云梦本为二泽，分跨今湖北省大江南北，江南为梦，江北为云，面积广八、九百里。③钜野：湖泊名。位于今山东省巨野县北。④孟诸：湖泊名。位于今河南省商丘县，今已淤没。⑤倍：同背，背叛。⑥公室：古代阶级社会，君主世袭，以国为国君所有，往往以公室代表国家。田宗：指陈氏家族。田齐的祖先本出自陈氏。春秋时，陈厉公子完以国乱奔齐，子孙世为齐卿。公元前481年，田常杀死齐简公而立平公，任相国，掌握了齐国大权。⑦毂：车轮中心有孔可以插轴的圆木，此指车子。⑧大农：

即大农令，又叫大司农，汉武帝时掌管国家租税、盐铁、钱粮等财政收支的官吏。盐铁丞：大农属官，掌管有关盐铁官营的事宜。咸阳：即东郭咸阳，齐地的大盐商。孔仅：南阳的大冶铁商。两人都家累千金。汉武帝元狩三年（公元前120年），被大司农郑当时推荐为盐铁丞。次年，上书武帝募民自出资金，用官家器具煮盐，再由官家收购，实行专卖。这是实行盐铁官营的开端。⑨僭奢：过分奢侈腐化。⑩三业：指盐铁、酒榷、均输三种官营事业。⑪涂：同途。⑫毂击：车辆互相碰撞，形容车辆之多。⑬陶、卫：陶，陶朱公，即范蠡。卫，指子贡。⑭阁道：复道。古代宅第中以木架于空中以通往来者。游观：游览。游、观古同义。⑮骋骛：驰骋，奔跑。⑯隆豺：隆借作哄，豺借材字。哄材，好斗之材的意思。⑰中山素女抚流徵：中山，战国时国名，后为赵武灵王所灭，汉景帝又置中山国，即今河北省中部偏西北一带的地方。素女，善歌舞的美女。抚，同拊，拍。流，婉转。徵，古代五音宫、商、角、徵、羽之一。抚流徵，是指弹琴。⑱巴俞：即巴渝舞，传说为汉高帝刘邦所作。俞同渝，指渝水（今嘉陵江）。⑲絺纻：絺，细葛布。纻，苧麻布。⑳毕弋：打鸟用的网和箭。这里指打鸟。㉑伯禽：周公的儿子，周公任丞相后，伯禽受封于鲁国。㉒之：当「其」字讲。㉓楼季：战国时魏文侯的弟弟，善于行走攀登。㉔稷：后稷，周的始祖，初名弃，被尧封于邰，故地位于今陕西省武功县境。㉕平治水土：指禹事。㉖润贤：培养贤才的意思。㉗公叔之所以为文：公叔，复姓，此处指卫国大夫，卫献公之孙，名枝，谥号「文」，故叫公叔文子。公叔文子的家臣沠，由于公孙枝的推荐，做了卫国大夫。孔丘知道以后，说：「公孙枝可以谥为「文」了。」㉘魏成子：战国时魏国人，曾经做魏文侯的丞相。据说他用十分之九的俸禄去招聘「贤士」。㉙谒：拜见，请托。妻谒，妻室弄权而多所请托。又作「妇谒」「女谒」。

晁错

大夫曰：《春秋》之法，「君亲无将，将而必诛。」故臣罪莫重于弑君，子罪莫重于弑父。日者[1]，淮南、衡山修文学②，招四方游士，山东儒、墨咸聚于江、淮之间，讲议集论，著书数十篇③。然卒于背义不臣，使谋叛逆，诛及宗族。晁错变法易常，不用制度，迫蹙宗室④，侵削诸侯，蕃臣不附，骨肉不亲，吴、楚积怨，斩错东市⑤，以慰三军之士而谢诸侯。斯亦谁杀之乎？

文学曰：孔子不饮盗泉之流⑥，曾子不入胜母之闾⑦。名且恶之，而况为不臣不子乎？是以孔子沐浴而朝，告之哀公⑧。陈文子有马十乘，弃而违之⑨。《传》曰：『君子可贵可贱，可刑可杀，而不可使为乱。』若夫外饰其貌而内无其实，口诵其文而行不犹其道⑩，是盗，固与盗而不容于君子之域。《春秋》不以寡犯众，诛绝之义有所止，不兼怨恶也。故舜之诛，诛鲧⑪，其举，举禹。夫以玙璠之沫而弃其璞⑫，以一人之罪而兼其众，则天下无美宝信士也。晁生言诸侯之地大，富则骄奢，急则合从。故因吴之过而削之会稽，因楚之罪而夺之东海⑬，所以均轻重，分其权，而为万世虑也。弦高诞于秦而信于郑，晁生忠于汉而仇于诸侯。人臣各死其主，为其国用。此解杨之所以厚于晋而薄于荆也⑭。

【注释】

①日者：从前。②淮南、衡山：指汉武帝时淮南王刘安和衡山王刘赐，二人因叛乱被汉武帝镇压。③著书数十篇：指《淮南子》。书中大旨以道德为标榜，而纵横蔓延，多所旁涉。《汉书·艺文志》列之杂家。④室原作族。迫蹙：强迫威胁。⑤东市：古代杀人必于市，以其在长安东，故称东市。⑥盗泉：古泉名，位于今山东省泗水县东北。流：指泉水。⑦曾子：名参，字子舆，孔丘弟子。胜母：邑里名。闾：巷口的大门，常做里、巷的代称。⑧孔子沐浴而朝，告之哀公：沐浴，指洗澡斋戒。朝，朝见国君。告之哀公，指齐国陈成子杀了齐简公，孔丘马上去朝见鲁哀公，要鲁哀公发兵讨伐。⑨陈文子有马十乘，弃而违之：陈文子，春秋时齐国大夫。乘，每车四匹马为一乘。据记载，齐

国大夫崔杼杀死齐庄公后，陈文子有40匹马，舍弃不要，离开齐国。⑩犹：通由，按照、奉行的意思。⑪鲧：古人名，相传为大禹的父亲。⑫玙璠：两种美玉。沫：通疵，玉中的斑点。璞：没有雕过的玉石。⑬汉景帝时，晁错为御史大夫，建议削夺吴、楚等国封地。结果，削去楚王东海郡，又削去吴王豫章郡及会稽郡。会稽郡，今江苏省东南部及浙江省东部、南部地区。东海郡，今山东省兖州到江苏邳县以东至海边一带。⑭解杨：一作解扬，字子虎，春秋时晋人。春秋末期，楚军包围了宋国国都，宋国派人向晋国告急，晋国派解杨为使者，去告诉宋国：晋国的救兵马上就要到了，不要投降。解杨路过郑国时，郑人把他捕送给楚国。楚王给了他大量东西贿赂他，叫他说假话诱骗宋国投降。他假装答应，结果还是把晋国的真正命令传达给宋国了。楚王无奈，释放了解杨，解除了对宋国的包围。荆：春秋时楚国的别称。

论儒

御史曰：文学祖述仲尼，称诵其德，以为自古及今，未之有也。然孔子修道鲁、卫之间，教化洙、泗之上①，弟子不为变，当世不为治，鲁国之削滋甚。齐宣王褒儒尊学②，孟轲、淳于髡之徒，受上大夫之禄，不任职而论国事，盖齐稷下先生千有余人③。当此之时，非一公孙弘也。弱燕攻齐④，长驱至临淄，湣王遁逃，死于莒而不能救；王建禽于秦⑤，与之俱虏而不能存。若此，儒者之安国尊君，未始有效也。

文学曰：无鞭策，虽造父不能调驷马⑥。无势位，虽舜、禹不能治万民。孔子曰：『凤鸟不至，河不出图，吾已矣夫⑦！』故轺车良马⑧，无以驰之；圣德仁义，无所施之。齐威、宣之时，显贤进士，国家富强，威行敌国。及愍王，奋二世之余烈，南举楚、淮，北并巨宋，苞十二国⑨，西摧三晋⑩，却强秦，五国宾从，邹、鲁之君，泗上诸侯皆入臣。矜功不休，百姓不堪，诸儒谏不从，各分散，慎到、捷子亡去⑪，田骈如薛⑫，而孙卿适楚⑬。内无良臣，故诸侯合谋而伐之。王建听流说，信反间，用后胜之计[14]，不与诸侯从亲，以亡国，为秦所禽，不亦宜乎？

御史曰：伊尹以割烹事汤[15]，百里以饭牛要穆公[16]，始为苟合，信然与之霸王，如此，何言不从？何道不行？故商君以王道说孝公，不用；即以强国之道，卒以就功。邹子以儒术干世主[17]，不用；即以变化始终之论，卒以显名。故马效千里，不必胡、代[18]；士贵成功，不必文辞。孟轲守旧术，不知世务，故困于梁、宋。孔子能方不能圆，故饥于黎丘[19]。今晚世之儒勤德，时有乏匮，言以为非，困此不行。自周室以来，千有余岁，独有文、武、成、康，如言必参一焉[20]，取所不能及而称之，犹躄者能言远不能行也[21]。圣人异涂同归，或行或止，其趣一也。商君虽革法改教，志存于强国利民。邹子之作，变化之术，亦归于仁义[22]。祭仲自贬损以行权[23]，时也。故小枉大直，君子为之。今硁硁然守一首[24]，引尾生之意[25]，即晋文之谲诸侯以尊周室不足道，而管仲蒙耻辱以存亡不足称也。

文学曰：伊尹之干汤[26]，知圣主也。百里之归秦，知明君也。二君之能知霸王，其册素形于己，非暗而以冥冥决事也[27]。孔子曰：『名不正则言不顺，言不顺则事不成。』如何其苟合而以成霸王也？君子执德秉义而行，故造次必于是，颠沛必于是[28]。孟子曰：『居今之朝，不易其俗而成千乘之势，不能一朝居也。』宁穷饥居于陋巷，安能变己而从俗化？阖闾杀僚，公子札去而之延陵，终身不入吴国[29]。鲁公杀子赤，叔眄退而隐处，不食其禄[30]。亏义得尊，枉道取容，效死不为也。闻正道不行，释事而退，未闻枉道以求容也。

御史曰：《论语》：『亲于其身为不善者，君子不入也。』有是言而行不足从也。季氏为无道[31]，逐其君，夺其政，而冉求、仲由臣焉。《礼》：『男女不授受[32]，不交爵。』孔子适卫，因嬖臣弥子瑕以见卫夫人[33]，子路不悦。子瑕，佞臣也，夫子因之，非正也。男女不交，孔子见南子，非礼也。礼义由孔氏出，且贬道以求容，恶在其释事而退也。

文学曰：天下不平，庶国不宁，明主之忧也。上无天子，下无方伯[34]，天下烦乱，贤圣之忧也。是以尧忧洪水，伊尹忧民，管仲束缚，孔子周流，忧百姓之祸而欲安其危也。是以负鼎俎、囚拘、匍匐以求之㉟。故追亡者趋，拯溺者濡㊱。今民陷沟壑，虽欲无濡，岂得已哉？

御史默不对。

【注释】

①洙、泗：洙，洙水，泗水的支流。源有二，一出山东曲阜市北，南合沂水入泗。一出费县北，西流入泗。泗，泗水，发源于山东省泗水县。孔子讲学于鲁，故后人遂以洙、泗为儒家学派的代称。②齐宣王：齐威王之子，名辟强，在位19年（公元前342—公元前324年）。③稷下：战国时齐国都城临淄（今山东省临淄）西门外的地方。齐宣王继齐威王之后，在此扩置学馆，招儒生，淳于髡等70余人都受到尊礼，赐列第为上大夫，不做实际工作，专任顾问。一时到者达千余人。孟轲也到过齐国，游说过齐宣王。④燕攻齐：公元前284年，秦、楚、燕、韩、赵、魏共同伐齐。其中燕国将军乐毅率兵长驱直入，攻破齐国都城临淄。齐愍王出逃到莒（今山东省莒县），被楚人杀死。⑤王建：即齐王田建，战国时齐国的最后一个国君。公元前221年，秦始皇灭齐，俘虏齐王建，统一天下。⑥造父：传说中古代善于赶车的人。⑦凤鸟：传说中的凤凰。河图：传说伏羲时黄河里出现龙马，身上有图，即河图。⑧轺车：古代用一匹马拉的轻便马车。⑨苞：征服。⑩三晋：春秋时，晋国的赵、魏、韩三家卿大夫，先后灭了其他卿大夫，瓜分晋国，各立为国，是为三晋。地在今山西、河南及河北西南部。⑪慎到：战国时赵国人，学黄老道德之术，著有《慎子》42篇。《汉书·艺术志》列入法家。捷子：一作『接子』，战国时齐国人，著有《接子》二篇，《汉书·艺文志》列在道家。⑫田骈：战国时齐国人，又叫陈骈，著有《田子》25篇。《汉书·艺文志》列入道家。⑬孙卿：即荀卿。⑭后胜：齐王建的相国，主张齐不救五国之难，不与秦国交战，后被秦国所俘。⑮伊尹以割烹事汤：旧说伊

尹是厨子出身，给汤做菜，希望得到汤的信用。⑯百里以饭牛要穆公：传说百里奚以喂牛取得秦穆公的信用。⑰邹子：邹衍，一作『驺衍』，战国时齐临淄人。他看到各国统治者都不务道德，遂著书10多万言，详论阴阳长消终始大圣的道理，当时名重诸侯，齐人称为『谈天衍』。⑱胡、代：胡，指匈奴。代，古时代国。战国时赵灭代，置代郡，秦汉仍之，位于今山西省东北部及河北省蔚县附近地。两地均以出产良马著称。⑲黎丘：古地名，位于今河南省虞城县北。⑳参一：参考往事，而定于一。㉑躄者：双脚残废的人。㉒这是司马迁对邹衍的评语。㉓祭仲自贬损以行权：祭仲，春秋时郑国宰相，郑庄公死后，祭仲立公子忽（昭公），后来宋庄公派人诱捕祭仲，逼迫他另立公子突（厉公），祭仲屈服于宋国的压力暂时答应了。但不久又赶走公子突，迎立公子忽。㉔硁硁然：浅见固执的样子。㉕尾生：古时讲信用的人。相传他和一女子相约在桥下相会，在桥下等候，女子过期没来，正好山洪暴发，他还不肯走，抱桥柱死守，终被淹死。㉖干：求合。㉗冥冥：糊里糊涂。㉘造次：匆促，急忙。颠沛：动荡，变乱。㉙阖闾杀僚，公子札去而之延陵，终身不入吴国：春秋时，吴王寿梦死，四个儿子诸樊、余祭、余昧、季札传让王位，诸兄欲立季札，季札不受。于是从诸樊起不传子而传弟，欲以次第于季札。及余昧死，又欲立季札，季札逃去。吴人乃立余昧子僚为王，诸樊的儿子光不服，与伍子胥合谋，派专诸刺杀吴王僚，公子光即位，即吴王阖闾。季札认为阖闾杀死吴王僚是不义，便回到他的封地延陵（今江苏省武进县境），终身不入吴国。㉚鲁公杀子赤，叔肹退而隐处，不食其禄：鲁公，春秋时鲁文公的庶子（妾所生的儿子）鲁公子俀杀文公长子公子赤后，自立为王，即鲁宣公。叔肹以为不仁，不满宣公终身不受其俸禄。㉛季氏：春秋时鲁国大夫季平子。他勾结孟孙、叔孙一起攻逐鲁昭公。昭公奔齐，后死于乾侯（今河北省成安县东南），鲁国大权都归季氏掌握。㉜冉求、仲由：冉求，鲁人，字子有，孔丘弟子，给季平子的孙子季康子当过家臣，管理赋税。仲由，鲁卞（今山东省泗水县东南）人，字子路，也当过季康子的家臣。

㉝因嬖臣弥子瑕以见卫夫人：嬖臣，受君主宠幸的臣子。弥子瑕，春秋时卫灵公的宠臣。卫夫人，卫灵公的夫人南子。㉞方伯：古代一方有势力的诸侯，如春秋五霸。㉟鼎俎：古代烹煮用的锅叫『鼎』，古代切菜用的砧板叫『俎』。传说伊尹曾负鼎，以滋味说汤。匍匐：此指孔子周游。㊱濡：沾湿。

贫富

大夫曰：余结发束修①，年十三，幸得宿卫②，给事辇毂之下③，以至卿大夫之位，获禄受赐，六十有余年矣。车马衣服之用，妻子仆养之费，量入为出，俭节以居之，奉禄赏赐，一二筹策之，积浸以致富成业。故分土若一，贤者能守之；分财若一，智者能筹之。夫白圭之废著④，子贡之三至千金，岂必赖之民哉？运之六寸⑤，转之息耗⑥，取之贵贱之间耳！

文学曰：古者事业不二，利禄不兼，然诸业不相远，而贫富不相悬也。夫乘爵禄以谦让者，名不可胜举也；因权势以求利者，入不可胜数也。食湖池，管山海，刍荛者不能与之争泽⑦，商贾不能与之争利。子贡以布衣致之，而孔子非之，况以势位求之者乎？故古者大夫思其仁义以充其位，不为权利以充其私也。

大夫曰：山丘有饶，然后百姓赡焉；河海有润，然后民取足焉。夫寻常之污⑧，不能溉陂泽⑨，丘阜之木，不能成宫室。小不能苞大，少不能赡多。未有不能自足而能足人者也。未有不能自治而能治人者也。故善为人者，能自为者也，善治人者，能自治者也。文学不能治内，安能理外乎？

文学曰：行远道者假于车，济江海者因于舟。故贤士之立功成名，因于资而假物者也。公输子能因人主之材木，以构宫室台榭，而不能自为专屋狭庐，材不足也。欧冶能因国君之铜铁，以为金炉大钟，而不能自为壶鼎盘柢，无其用也。君子能因人主之正朝，以和百姓，润众庶，而不能自饶其家，势不便也。故舜耕于历山，恩不及州里，太公屠牛于朝歌，利不及妻子，及其见用，恩流八荒⑩，德溢四海。故舜假之尧，太公因之周，君子能修身以假道者，不能枉道而假财也。

大夫曰：道悬于天，物布于地，智者以衍，愚者以困。子贡以著积显于诸侯，陶朱公以货殖尊于当世。富者交焉，贫者赡焉。故上自人君，下及布衣之士，莫不戴其德，称其仁。原宪、孔伋⑪，当时被饥寒之患，颜回屡空于穷巷，当此之时，迫于窟穴，拘于缊袍⑫，虽欲假财信奸佞，亦不能也。

文学曰：孔子云：『富而可求，虽执鞭之事，吾亦为之；如不可求，从吾所好。』君子求义，非苟富也。故刺子贡不受命而货殖焉。君子遭时则富且贵，不遇，退而乐道。不以利累己，故不违义而妄取。隐居修节，不欲妨行，故不毁名而趋势。虽付之以韩、魏之家，非其志，则不居也。富贵不能荣，谤毁不能伤也。故原宪之缊袍，贤于季孙之狐貉，赵宣孟之鱼飧⑬，甘于智伯之刍豢⑭，子思之银佩，美于虞公之垂棘⑮，魏文侯轼段干木之闾⑯，非以其有势也；晋文公见韩庆下车而趋，非以其多财，以其富于仁，充于德也。故贵何必财，亦仁义而已矣！

【注释】

①束修：送给老师的报酬。古时称干肉为修。此为初上学的意思。②宿卫：皇宫中值宿禁卫。③辇毂：皇帝乘坐的车子。④白圭：战国时魏人，提出贸易致富的理论，主张采用『人弃我取，人取我与』的办法经商，掌握时机，运用智谋。废著：即贱买贵卖。⑤运之六寸：指运用算法而言。六寸，古标法。⑥息耗：盈虚的意思。⑦刍荛：指割草打柴的人。⑧寻常：古代长度单位，八尺为寻，倍寻为常。形容面积小。污：小池塘。⑨陂泽：湖泽。⑩八荒：八方极远的地方。⑪原宪：字子思，也称原思，孔丘弟子。孔伋：字子思，孔丘的孙子。⑫缊袍：以乱麻为絮的袍子。⑬赵宣孟：即赵盾，春秋时晋卿，谥宣子。孟，尊称。飧原作食，今据卢文弨说改正。《公羊传·宣公六年》载晋灵公使勇士杀赵盾，勇士见赵盾正在吃鱼，心服其俭约，不忍杀，自刎而死。⑭刍豢：用草饲养的牛羊叫刍，用粮

食喂养的猪狗叫豢。此指丰富的肉食。⑮虞：春秋时国名，位于今山西省平陆县一带。垂棘：春秋时晋国地名，以产美玉出名，此指代美玉。⑯魏文侯：战国时魏国国王，名斯。轼：古代车厢前面用作扶手的横木。此处作动词用，即伏在横木上，表示对别人的敬重。段干木：魏人，隐居不仕，魏文侯每过段干木的家门，就扶轼表示对他的敬重。

褒贤

大夫曰：伯夷以廉饥，尾生以信死。由小器而亏大体，匹夫匹妇之为谅也，经于沟渎而莫之知也①。何功名之有？苏秦、张仪②智足以强国，勇足以威敌，一怒而诸侯惧，安居而天下息。万乘之主，莫不屈体卑辞，重币请交，此所谓天下名士也。夫智不足与谋，而权不能举当世，民斯为下也。今举亡而为有，虚而为盈，布衣穿履，深念徐行，若有遗亡，非立功成名之士，而亦未免于世俗也。

文学曰：苏秦以从显于赵，张仪以横任于秦，方此之时，非不尊贵也，然智士随而忧之，知夫不以道进者必不以道退，不以义得者必不以义亡。季、孟之权，三桓之富，不可及也，孔子为之曰『微』③。为人臣，权均于君，富侔于国者，亡。故其位弥高而罪弥重，禄滋厚而罪滋多。夫行者先全己而后求名，仕者先辟害而后求禄。故香饵非不美也，龟龙闻而深藏，鸾凤见而高逝者④，知其害身也。夫为乌鹊鱼鳖，食香饵而后狂飞奔走，逊头屈遰⑤，无益于死。今有司盗秉国法，进不顾罪，卒然有急，然后车驰人趋，无益于死。所盗不足偿于臧获⑥，妻子奔亡无处所，身在深牢，莫知恤视。方此之时，何暇得以笑乎？

大夫曰：文学高行，矫然若不可卷⑦；盛节㞕言，皦然若不可涅⑧。然戍卒陈胜释挽辂⑨，首为叛逆，自立张楚⑩，素非有回、由处士之行⑪，宰相列臣之位也。奋于大泽⑫，不过旬月，而齐、鲁儒墨缙绅之徒，肆其长衣⑬——长衣，容衣也——负孔氏之礼器《诗》《书》，委质为臣⑭。孔甲为涉博士⑮，卒俱死陈⑯，为天下大笑，深藏高逝者固若是也。

文学曰：周室衰，礼义坏，不能统理天下，诸侯交争相灭亡，并为六国，兵革不休，民不得宁息。秦以虎狼之心，蚕食诸侯，并吞战国以为郡县，伐能矜功⑰，自以为过尧、舜而羞与之同。弃仁义而尚刑罚，以为今时不师于文而决于武。赵高治狱于内，蒙恬用兵于外，百姓愁苦，同心而患秦。陈王赫然奋爪牙为天下首事⑱，道虽凶而儒墨或干之者，以为无王久矣，道拥遏不得行⑲，自孔子以至于兹，而秦复重禁之，故发愤于陈王也。孔子曰：『如有用我者，吾其为东周乎！』庶几成汤、文、武之功，为百姓除残去贼，岂贪禄位哉？

大夫曰：文学言行虽有伯夷之廉，不及柳下惠之贞⑳，不过高瞻下视，罷言污行，觞酒豆肉㉑，迁延相让㉒，辞小取大，鸡廉狼吞㉓。赵绾、王臧之等㉔，以儒术擢为上卿，而有奸利残忍之心。主父偃以口舌取大官㉕，窃权重，欺给宗室㉖，受诸侯之贿。卒皆诛死。东方朔自称辩略㉗，消坚释石，当世无双；然省其私行，狂夫不忍为！况无东方朔之口，其余无可观者也？

文学曰：志善者忘恶，谨小者致大。俎豆之间足以观礼㉘，闺门之内足以论行。夫服古之服，诵古之道，舍此而为非者，鲜矣。故君子时然后言，义然后取，不以道得之不居也。满而不溢，泰而不骄。故袁盎亲于景帝㉙，秣马不过一驷；公孙弘即三公之位，家不过十乘；东方先生说听言行于武帝，而不骄溢；主父见困厄之日久矣㉚，疾在位者不好道而富且贵，莫知恤士也，于是取饶衍之余以周穷士之急，非为私家之业也。当世嚣嚣，非患儒之鸡廉，患在位者之虎饱鸱咽㉛，于求览无所孑遗耳㉜。

【注释】

①谅：此指小节、小信。经：缢，用绳子勒死。沟渎：水沟。②张仪：战国时魏人，曾游说六国，主张连横以归附秦国。③为，通谓。这是引用孔子的话『故夫三桓之子孙微矣』。④鸾凤：鸾鸟和凤凰。⑤逊头屈境：缩头躲避。

⑥臧获：古时由于犯罪而被没收财产做了官家奴仆的人。奴曰臧，婢曰获。⑦矫然：正直的样子。⑧皎然：洁白的样子。涅：染黑。⑨戍卒：防守边境的士兵。陈胜：秦代阳城（今河南省登封县东南）人，字涉。秦二世时，与阳夏（今河南省大康县）人吴广同戍渔阳（秦郡名，治渔阳县，故城在今密云县西南），失期当斩，乃发动所属士兵，揭竿起义抗秦。各郡县苦秦苛法，纷纷响应。胜乃自立为楚王，国号张楚。这是我国历史上第一个农民政权。后为秦将章邯所败，陈胜、吴广亦被杀害。然秦卒以此亡国。挽辂：拉车的意思。⑩张楚：又称大楚，后世称汉为大汉、唐为大唐，如此等等，盖原于此。⑪回：即颜回。由：即子路。处士：古代称有才德而隐居没做官的人。⑫大泽：大泽乡。秦代属蕲县，在今安徽省宿县北。⑬长衣：即深衣，古代制服。⑭委质：委，弯曲。质，身体。古代初次做官，依法，须先把自己的姓名写在竹简上，然后曲身跪拜，表示忠诚，这就叫作委质。⑮孔甲：孔丘的第八世孙，名鲋，甲是其字。陈胜为王，拜孔甲为博士。胜败，甲与同死。⑯陈：陈胜所建张楚国的都城，即今河南省淮阳县。⑰伐能矜功：夸耀自己的才能和功劳。⑱爪牙：党羽。此处指和陈胜同行的戍卒。首事：首倡其事，带头起义。⑲拥遏：拥挤和堵塞。⑳柳下惠：春秋时鲁人，即展禽，名获，字季，居柳下，谥号惠，曾为士师官，三次被罢免而不离去。人问之，他说：『直道而事人，焉往而不三黜？枉道而事人，何必去父母之邦？』㉑豆：古代盛肉或其他食品的器皿。㉒迁延：拖延，此指互相推让。㉓鸡廉狼吞：比喻小廉大贪。鸡廉，鸡寻找食物，有所选择，不是见东西就吃，故称小廉如鸡。狼吞，狼吃东西时，都是大口大口地吞咽，比喻贪婪。㉔赵绾：汉代代县（今河北省蔚县东）人，汉武帝初即位时曾任御史大夫。王臧：汉代兰陵（今山东省峄县）人。汉武帝初即位时为郎中令。赵绾和王臧筹划在长安城南建立明堂（进行儒家礼仪政教的地方），窦太后（景帝的母亲）不好儒术，令武帝罢逐赵绾、王臧，后来二人自杀了。㉕主父偃：汉代临淄（今山东省临淄，在广饶县南）人，汉武帝时任中大夫，曾向汉武帝建议削弱诸侯王的割据势力，迁移豪民，

建立朔方郎。他还揭发过一些诸侯王的罪行，因此诸侯王对他恨之入骨，公孙弘借故诬害了他。㉖欺绐：欺负，哄骗。㉗东方朔：字曼倩，汉代厌次（今山东省惠民县东）人。汉武帝时，为太中大夫，善辞赋，性格诙谐滑稽。㉘俎豆：古代祭祀时放祭品的器皿，此指祭祀。㉙袁盎：一作爰盎，汉代楚人，字丝。汉文帝时为郎中，曾参与吴楚七国的叛乱，是杀害晁错的主谋之一。㉚见：与被意同。㉛鸱：一种凶猛的鸟，也叫鹞鹰。㉜求览：向自己腰包里塞。求，需索。览，同揽，把持。子遗：遗留，余剩。

论诽

丞相史曰：晏子有言：『儒者华于言而寡于实，繁于乐而舒于民，久丧以害生，厚葬以伤业，礼烦而难行，道迂而难遵，称往古而訾当世①，贱所见而贵所闻。』此人本枉，以己为式②。此颜异所以诛黜③，而狄山死于匈奴也④。处其位而非其朝，生乎世而讪其上⑤，终以被戮而丧其躯，此独谁为负其累而蒙其殃乎？

文学曰：礼所以防淫，乐所以移风，礼兴乐正则刑罚中。故堤防成而民无水灾，礼义立而民无乱患。故礼义坏，堤防决，所以治者，未之有也。孔子曰：『礼与其奢也宁俭，丧与其易也宁戚⑥。』故礼之所为作，非以害生伤业也；威仪节文，非以乱化伤俗也。治国谨其礼，危国谨其法。昔秦以武力吞天下，而斯、高以妖孽累其祸，废古术，隳旧礼，专任刑法，而儒墨既丧焉。塞士之涂，壅人之口，道谀日进而上不闻其过，以秦所以失天下而殒社稷也。故圣人为政，必先诛之，伪巧言以辅非而倾覆国家也。今子安取亡国之语而来乎？夫公卿处其位不正其道，而以意阿邑顺风⑦，疾小人浅浅面从⑧，以成人之过也。故知言之死，不忍从苟合之徒，是以不免于缧绁⑨。悲夫。

丞相史曰：檀柘而有乡⑩，萑苇而有从⑪，言物类之相从也。孔子曰：『德不孤，必有邻。』故汤兴而伊尹至，不仁者远矣。未有明君在上而乱臣在下也。今先帝躬行仁圣之道以临海内，招举俊才贤良之士，唯仁是用，诛逐乱臣，不避所亲，务以求贤而简退不肖，犹尧之举舜、禹之族，殛鲧放驩兜也[12]，而曰『苟合之徒』，是则主非而臣阿，是也？

文学曰：皋陶对舜：『在知人，惟帝其难之。』洪水之灾，尧独愁悴而不能治，得舜、禹而九州宁。故虽有尧明之君，而无舜、禹之佐，则纯德不流。《春秋》刺有君而无臣[13]。先帝之时，良臣未备，故邪臣得间。尧得舜、禹而鲧殛驩兜诛，赵简子得叔向而盛青肩诎[14]。语曰：『未见君子，不知伪臣。』《诗》云：『未见君子，忧心忡忡，既见君子，我心则降[15]。』此之谓也。

丞相史曰：尧任鲧、驩兜，得舜、禹而放殛之以其罪，而天下咸服，诛不仁也。人君用之齐民。而颜异，济南亭长也[16]，先帝举而加之高位，官至上卿。狄山起布衣，为汉议臣[17]，处舜、禹之位，执天下之中，不能以治，而反坐讪上[18]。故驩兜之诛加而刑戮至焉。贤者受赏而不肖者被刑，固其然也。文学何怪焉？

文学曰：论者相扶以义，相喻以道，从善不求胜，服义不耻穷。若相迷以伪，相乱以辞，相矜于后息[19]，期于苟胜，非其贵者也。夫苏秦、张仪，荧惑诸侯，倾覆万乘，使人主失其所持；非不辩，然乱之道也。君子疾鄙夫之不可与事君，患其听从而无所不至也。今子不听正义以辅卿相，又从而顺之，好须臾之说，不计其后。若子之为人吏，宜受上戮[20]，子姑默矣！

丞相史曰：盖闻士之居世也，衣服足以胜身，食饮足以供亲[21]，内足以相恤，外不求于人。故身修然后可以理家，家理然后可以治官。故饭蔬粝者不可以言孝[22]，妻子饥寒者不可以言慈，绪业不修者不可以言理[23]。居斯世，行斯身，而有此三累者[24]，斯亦足以默矣！

【注释】

①訾：毁谤非议。②式：模范，榜样。③颜异：汉武帝时人，曾任济南亭长，因廉直而官至九卿，后因反对汉

武帝制造『白鹿皮币』（一种贵重货币）而被杀。④狄山：汉武帝时博士，力主和亲，与主战派御史大夫张汤发生争论。武帝是坚决主张抗击匈奴的，见狄山主张和亲，便派他去边界守卫一个城堡，终于被匈奴所杀。⑤讪：毁谤。⑥易：指丧礼的仪式周到。戚：悲哀。⑦顺风：看风使舵，也是曲从的意思。⑧浅浅：即花言巧语。⑨缧绁：捆绑犯人的绳索，此处指坐牢受刑。⑩乡：指檀柘生长的地方。⑪萑苇：芦苇。丛：这里指芦苇聚生的地方。⑫殛：杀死。鲧，夏禹的父亲，奉舜命治水，因用筑堤的方法，九年未治好，舜把他杀死于羽山。驩兜：传说是尧的大臣，因凶恶奸邪，舜即位后将他流放于崇山（今湖南省沣县）。⑬有君而无臣：《公羊传·僖公二十二年》：『宋襄公与楚人期战于泓之阳。……已陈，然后襄公鼓之，宋师大败。故君子大其不鼓不成列，临大事而不忘大礼，有君而无臣。』⑭赵简子：即赵鞅，春秋时晋大夫，赵景叔子。公元前493年攻取了范氏、中行氏的都邑，扩大了封地，奠定了赵国的基础。叔向：据《史记·赵世家》文应为『周舍』，赵简子的谋士，好直谏。盛青肩：人名，未详。诎：同黜，罢免。⑮降：放心的意思。⑯亭长：秦的乡官，汉代因之。大率一里一亭，十亭一乡。亭有乡，以禁盗贼。⑰议臣：议论国家政事，给皇帝提建议的官。⑱而反：连词，意即反而。⑲后息：终止发言的意思。指在辩论时最后压制了对方。⑳上戮：最重的刑罚。㉑供亲：供养父母。㉒粝：粗糙的米。㉓绪业：事业，功业。修原作备，今从陈遵默说校改。㉔三累：指不孝，不慈，不理。

孝养

文学曰：善养者不必刍豢也①，善供服者不必锦绣也。以己之所有尽事其亲，孝之至也。故匹夫勤劳，犹足以顺礼，珪菽饮水②，足以致其敬。孔子曰：『今之孝者，是为能养，不敬，何以别乎？』故上孝养志，其次养色，其次养体③。贵其礼，不贪其养，礼顺心和，养虽不备，可也。《易》曰：『东邻杀牛，不如西邻之礿祭也④。』故富贵而无礼，不如贫贱之孝悌⑤。闺门之内尽孝焉，闺门之外尽悌焉⑥，朋友之道尽信焉，三者，孝之至也。居家理者，非谓积财也，事亲孝者，非谓鲜肴也，亦和颜色，承意尽礼义而已矣。

丞相史曰：八十曰耋，七十曰耄。耄，食非肉不饱，衣非帛不暖。故孝子曰甘毳以养口⑦，轻暖以养体。曾子养曾皙⑧，必有酒肉。无端砠⑨，虽公西赤不能以为容⑩。无肴膳，虽闵、曾不能以卒养。礼无虚加，故必有其实然后为之文。与其礼有余而养不足，宁养有余而礼不足。夫洗爵以盛水⑪，升降而进粝⑫，礼虽备，然非其贵者也。

文学曰：周襄王之母非无酒肉也⑬，衣食非不如曾皙也，然而被不孝之名，以其不能事其父母也。君子重其礼，小人贪其养。夫嗟来而招之⑭，投而与之，乞者由不取也。君子苟无其礼，虽美不食焉。故礼主人不亲馈⑮，则客不祭。是馈轻而礼重也。

丞相史曰：孝莫大以天下一国养，次禄养，下以力。故王公人君，上也，卿大夫，次也。夫以家人言之，有贤子当路于世者⑯，高堂邃宇⑰，安车大马，衣轻暖，食甘毳。无者，褐衣皮冠，穷居陋巷，有旦无暮，食蔬粝荤茹⑱，祕腊而后见肉⑲。老亲之腹非唐园⑳，唯菜是盛。夫蔬粝，乞者所不取，而子以养亲，虽欲以礼，非其贵也。

文学曰：无其能而窃其位，无其功而有其禄，虽有富贵，由跖、蹻之养也㉑。高台极望，食案方丈㉒，而不可谓孝。老亲之腹非盗囊也，何故常盛不道之物？夫取非有非职，财入而患从之，身且死祸殃，安得祕腊而食肉？曾参、闵子无卿相之养，而有孝子之名；周襄王富有天下，而有不能事父母之累。故礼菲而养丰，非孝也。掠困而以养，非孝也。

丞相史曰：上孝养色，其次安亲，其次全身。往者，陈余背汉，斩于泜水㉓，五被邪逆㉔，而夷三族。近世主父偃行不轨而诛灭㉕，吕步舒弄口而见戮㉖，行身不谨，诛及无罪之亲。由此观之，虚礼无益于己也。文实配行，礼养俱施，然后可以言孝。孝在于实质，不在于饰貌；全身在于谨慎，不在于驰语也。

文学曰：言而不诚，期而不信，临难不勇，事君不忠，不孝之大也㉗。孟子曰：『今之士，今之大夫，皆罪人也。

皆逢其意以顺其恶。』今子不忠不信，巧言以乱政，导谀以求合。若此者，不容于世。《春秋》曰：『士守一不移，循理不外援，共其职而已。』故位卑而言高者，罪也，言不及而言者，傲也。有诏公卿与斯议，而空战口也。

【注释】

①刍豢：此指肉食。②珪菽饮水：形容饮食坏，即粗茶淡饭的意思。珪，吃。③养志：承顺父母的意志办事。养色：和颜悦色。养体：保养父母身体。④匏：夏祭，字又作礿。礿，薄。夏时百谷未熟，可以用来祭祀的东西不丰厚，比喻贵礼不贵物。⑤悌：尊敬兄长。⑥闺门：内室的门。指父母的内室。⑦曰：通爰，于是。毳：同脆。甘毳，又甜又脆的食物。⑧曾皙：曾参的父亲，名点，字皙，也是孔丘的弟子。⑨端：玄黑色礼服。砠：同冕，礼帽。端砠，丝绸衣帽。⑩公西赤：姓公西，名赤，字子华，春秋时鲁人，孔丘的弟子。⑪爵：酒杯。⑫升降：指父母升堂高坐，儿女起伏敬拜的样子。⑬周襄王：周惠王子，姓姬名郑。姬郑亲母早死，继母叫惠后。惠后生叔带，曾经与姬郑争王位。惠王死后，姬郑即位（襄王），养其继母，叔带勾结戎、翟攻打襄王，襄王向晋国求救，晋文公杀了叔带。⑭嗟来：喂，来吧！不敬的口气。⑮馈：古代祭祀的供品。⑯当路：身居显要地位、执掌权力的意思。⑰邃宇：深广的住宅。邃，深远的意思。⑱荤：指葱韭等蔬菜。茹：吃。蔬粝荤茹，形容吃粗粮杂菜的意思。⑲祕：春秋时楚国的风俗。以二月祭饮食之神曰『祕』。腊：冬季十月间祭祀百神的节日（秦始皇改在十二月）。⑳唐园：指蔬菜园子。㉑由：同犹。跖、跻：即柳下跖和庄跻。㉒食案方丈：比喻丰富的食物。食案，一种短足的饮食用具。㉓陈余：秦朝大梁人，与张耳都以罪为秦始皇所悬赏通缉，后投机混入陈胜、吴广农民起义队伍，他主张分封六国贵族后代，遭到陈胜拒绝。刘邦联合他攻打项羽时，他背信弃义，后在泜水被韩信所杀。㉔五被：即伍被，五、伍古字通。被：西汉楚人，曾任淮南王刘安的中郎，因参加刘安叛乱，妄图搞分裂割据，未遂，被杀，他的三族也被诛灭。㉕主父偃：汉代齐国临淄人。西汉文

帝时，他因告发燕王、齐厉王作风败坏，被儒生公孙弘谋害。㉖吕步舒：西汉广川（今河北省枣强县）人，董仲舒的弟子，曾任丞相长史。弄口，搬弄是非。㉗《礼记·祭义篇》：『曾子曰：「身也者，父母之遗体也，行父母之遗体，敢不敬乎？居处不庄，非孝也，事君不忠，非孝也，莅官不敬，非孝也，朋友不信，非孝也，战陈无勇，非孝也。五者不遂，灾及于亲，敢不敬乎？」』

救匮

贤良曰：盖桡枉者以直①，救文者以质②。昔者，晏子相齐③，一狐裘三十载。故民奢，示之以俭，民俭，示之以礼。方今公卿大夫子孙，诚能节车舆④，适衣服，躬亲节俭，率以敦朴，罢园池，损田宅，内无事乎市列，外无事乎山泽，农夫有所施其功，女工有所粥其业⑤。如是，则气脉和平⑥，无聚不足之病矣。

大夫曰：孤子语孝，躄者语杖，贫者语仁，贱者语治。议不在己者易称，从旁议者易是，其当局则乱。故公孙弘布被⑦，倪宽练袍⑧，衣若仆妾，食若庸夫。淮南逆于内⑨，蛮、夷暴于外，盗贼不为禁，奢侈不为节。若疫岁之巫，徒能鼓口舌，何散不足之能治乎？

贤良曰：高皇帝之时，萧、曹为公⑩，滕、灌之属为卿⑪，济济然斯则贤矣。文、景之际，建元之始⑫，大臣尚有争引守正之义⑬。自此之后，多承意从欲⑭，少敢直言面议而正刺，因公而徇私。故武安丞相讼园田⑮，争曲直人主之前。夫九层之台一倾，公输子不能正；本朝一邪，伊、望不能复。故公孙丞相、倪大夫侧身行道⑯，分禄以养贤，卑己以下士，功业显立，日力不足，无行人子产之继⑰。而葛绎、彭侯之等隳坏其绪⑱，纰乱其纪⑲，毁其客馆议堂，以为马厩妇舍⑳，无养士之礼，而尚骄矜之色，廉耻陵迟而争于利矣㉑。故良田广宅，民无所之。不耻为利者满朝市㉒，列田畜者弥郡国㉓。横暴掣顿，大第巨舍之旁，道路且不通，此固难医而不可为工㉔。

大夫勃然作色，默而不应。

【注释】

①桡：纠正。枉：弯曲。桡枉者以直，犹言矫枉者以直。②救：禁止，制止。文：虚饰。这里指奢侈。质：敦厚，朴实。③晏子：即晏婴。儒家吹捧他辅助齐国时，懂得礼义，一件狐皮袄穿了30年。④诚：如果，假使。车舆：车子。⑤事：治。此处是限制、管理的意思。市列：市场。这里指桑弘羊实行的平准、均输等经济政策。粥：同鬻，卖的意思。⑥气脉和平：呼吸、血脉流通舒畅。这里比喻贫富调均，社会安定。⑦公孙弘：见《刺复篇》注释。布被：用粗布来做被子，表示俭朴。⑧练袍：用白绢来做长袍，这里指朴素的衣服。⑨淮南逆于内：公元前122年，汉武帝推行削弱藩王的『推恩法』不久，淮南王刘安串通衡山王刘赐，阴谋发动武装政变，汉武帝及时镇压了这次未遂政变。⑩萧：萧何。曹：曹参。公：三公。⑪滕：即滕公夏侯婴。灌：灌婴。卿：九卿。⑫建元：汉武帝年号。⑬争引：争而引之，使归于正。⑭承意：迎合君主的心意。⑮武安丞相讼园田：武安丞相，即田蚡，汉武帝时封武安侯，曾任丞相。讼，打官司。这里指田蚡当丞相时，想霸占魏其侯窦婴的土地，魏其侯、灌夫（魏的好友）不肯，双方结下私仇。后田蚡与灌夫发生纠纷，田蚡欲害灌夫，魏其侯为救灌夫上告到汉武帝，在汉武帝面前与田蚡争辩是非。⑯侧身：反躬，反求诸己。行道：实行儒家学派所谓的治道。⑰行人：春秋时官名，掌管朝见和询访的事。此处指公孙挥，字子羽，春秋时郑国人，与子产同时佐助郑简公，官至『行人』。⑱葛绎：即公孙贺，汉武帝太初年间为丞相，封葛绎侯。彭侯，即澎侯，指刘屈氂（同楉），汉武帝征和年间为丞相，封澎侯。⑲纰乱：错乱。⑳妇舍：奴婢住的屋子。㉑陵迟：衰落，衰败。㉒朝市：指京城。㉓列：瓜分、霸占的意思。㉔工：治理。

水旱

大夫曰：禹、汤圣主，后稷、伊尹贤相也，而有水旱之灾。水旱，天之所为，饥穰，阴阳之运也，非人力。故太岁之数①，在阳为旱，在阴为水。六岁一饥，十二岁一荒。天道然，殆非独有司之罪也。

贤良曰：古者，政有德，则阴阳调，星辰理，风雨时。故行修于内，声闻于外，为善于下，福应于天。周公载纪而天下太平②，国无夭伤，岁无荒年。当此之时，雨不破块，风不鸣条③，旬而一雨，雨必以夜。无丘陵高下皆熟。《诗》曰：『有渰萋萋，兴雨祁祁④。』今不省其所以然，而曰『阴阳之运也』，非所闻也。《孟子》曰：『野有饿殍，不知收也；狗豕食人食，不知检也；为民父母，民饥而死，则曰，非我也，岁也，何异乎以刃杀之，则曰，非我也，兵也⑤？』方今之务，在除饥寒之患，罢盐、铁，退权利，分土地，趣本业⑥，养桑麻，尽地力也。寡功节用，则民自富。如是，则水旱不能忧，凶年不能累也。

大夫曰：议者贵其辞约而指明，可于众人之听，不至繁文稠辞⑦，多言害有司化俗之计，而家人语⑧。陶朱为生⑨，本末异径，一家数事，而治生之道乃备。今县官铸农器，使民务本，不营于末，则无饿寒之累。盐、铁何害而罢？

贤良曰：农，天下之大业也；铁器，民之大用也。器用便利，则用力少而得作多，农夫乐事劝功。用不具，则田畴荒，谷不殖，用力鲜⑩，功自半。器便与不便，其功相什而倍也⑪。县官鼓铸铁器，大抵多为大器，务应员程⑫，不给民用。民用钝弊，割草不痛。是以农夫作剧⑬，得获者少，百姓苦之矣。

大夫曰：卒徒工匠，以县官日作公事，财用饶，器用备。家人合会，褊于日而勤于用⑭，铁力不销炼⑮，坚柔不和。故有司请总盐、铁，一其用，平其贾，以便百姓公私⑯。虽虞、夏之为治⑰，不易于此。吏明其教，工致其事，则刚柔和，器用便。此则百姓何苦？而农夫何疾？

贤良曰：卒徒工匠！故民得占租鼓铸、煮盐之时⑱，盐与五谷同贾，器和利而中用。今县官作铁器，多苦恶，用费不省，卒徒烦而力作不尽。家一相一⑲，父子戮力，各务为善器。器不善者不集。农事急，挽运衍之阡陌之间⑳。民相与市买，得以财货五谷新弊易货；或时贳民㉑，不弃作业。置田器，各得所欲，更繇省约㉒。县官以徒夏作㉓，缮治道桥诸发㉔，民便之。今总其原，壹其贾㉕，器多坚綑㉖，善恶无所择。吏数不在，器难得。家人不能多储，多储则镇生㉗。弃膏腴之日㉘，远市田器，则后良时。盐、铁贾贵，百姓不便。贫民或木耕手耨㉙，土耰淡食㉚。铁官卖器不售，或颇赋与民㉛。卒徒作不中呈㉜，时命助之。发征无限，更繇以均剧，故百姓疾苦之。古者，千室之邑，百乘之家，陶冶工商，四民之求，足以相更。故农民不离畦亩，而足乎田器，工人不斩伐而足乎材木，陶冶不耕田而足乎粟米。百姓各得其便，而上无事焉。是以王者务本不作末，去炫耀，除雕琢，湛民以礼㉝，示民以朴，是以百姓务本而不营于末。

【注释】

①太岁：我国古代天文学家虚构的一颗星，把它的运行和岁星（木星）的轨道相同而方向相反，并把它运行一周的轨道分为十二个区域，配合子丑寅卯等十二地支，以便纪年。太岁之数：太岁在当年运行所至的区域。在阳、在阴，是古代根据太岁当年的干支并配合其他星象推算出来的阴阳属性。这种推算方法是不科学的。②载纪：与载已通，即修己的意思，是说周公修己以行化，其身正，不令而行，不禁而止。③雨不破块：形容雨下得均匀细小，打不破土块。鸣：响。条：树枝。④稜：云雾翻卷的样子。萋萋：形容阴云密布。祁祁：形容雨下得缓慢、细密。⑤饿殍：饿死的人的尸首。兵：兵器。⑥趣：致力于。本业：农业。⑦不至：不必。⑧家人语：与国家大事无关的话，家常话。⑨陶朱：见《力耕篇》注释。⑩鲜：尽。⑪相什而倍：即相差十倍的意思。什同十。⑫员程：规定的数量和期限。⑬作剧：劳动繁重。⑭徧：本指衣服狭小，这里指时间不多。勤：通堇，少的意思。⑮销炼：销熔，精炼。⑯公私：公家和百姓。此处主要指公家。⑰虞：虞舜。夏：夏禹。

⑱占租：卖酒者依法向政府交纳租税。此指卖酒等私营事业。⑲相一：集中一处的意思。⑳衍：延伸，引申为散布。㉑贳：赊欠。㉒更繇：定期更换的徭役。繇，同徭。㉓复作：汉制弛刑徒名。有赦令诏书除去其钳（颈上戴的铁钳子）、钛（套在脚上的铁夹子）和赭衣（犯人穿的红褐色的衣服），得与普通人同样待遇，但仍须为官劳作，满其本罪月日。㉔发：兴办。㉕贾：同价。㉖坚䌹：坚硬，形容铁器质量不好。㉗镇，皆指铁器生锈而言。㉘膏腴：原意为肥沃的土地。形容良好的农时。㉙耨：锄草。㉚土耰：古代弄碎土块使土地平坦的简易农具。㉛颇：不公平。赋与民：配售给人民。㉜不中呈：没有完成预定指标。㉝湛：同沉，沉浸。湛民以礼：使人民沉浸于礼义之中的意思。

论勇

大夫曰：荆轲怀数年之谋而事不就者①，尺八匕首不足恃也②。秦王惮于不意③，列断贲、育者④，介七尺之利也。使专诸空拳⑤，不免于为禽；要离无水⑥，不能遂其功。世言强楚劲郑，有犀兕之甲，棠溪之铤也⑦。内据金城，外任利兵，是以威行诸夏，强服敌国。故孟贲奋臂，众人轻之；怯夫有备，其气自倍。况以吴、楚之士，舞利剑，蹶强弩⑧，以与貉虏骋于中原？一人当百，不足道也！夫如此，则胡无守谷，貉无交兵，力不支汉，其势必降。此商君之走魏⑨，而孙膑之破梁也⑩。

文学曰：楚、郑之棠溪、墨阳⑪，非不利也，犀誧兕甲⑫，非不坚也。然而不能存者，利不足恃也。秦兼六国之师，据崤、函而御宇内，金石之固，莫耶之利也⑬。然陈胜无士民之资，甲兵之用，鉏耰棘誌⑭，以破冲隆⑮，武昭不击⑯，乌号不发⑰。所谓金城者，非谓筑壤而高土，凿地而深池也。所谓利兵者，非谓吴、越之铤，干将之剑也。言以道德为城，以仁义为郭⑱，莫之敢攻，莫之敢入。文王是也。以道德为誧，以仁义为剑，莫之敢当，莫之敢御。汤、武是也。今不建不可攻之城，不可当之兵，而欲任匹夫之役，而行三尺之刃，亦细矣！

大夫曰：荆轲提匕首入不测之强秦，秦王惶恐失守备，卫者皆惧[19]。专诸手剑摩万乘，刺吴王，尸孽立正[20]，镐冠千里[21]。聂政自卫[22]，由韩廷刺其主[23]，功成求得，退自刑于朝，暴尸于市。今诚得勇士，乘强汉之威，凌无义之匈奴，制其死命，责以其过，若曹刿之胁齐桓公[24]，遂其求。推锋折锐，穹庐扰乱[25]，上下相遁[26]，因以轻锐随其后。匈奴必交臂不敢格也[27]。

文学曰：汤得伊尹，以区区之亳兼臣海内[28]，文王得太公，廓酆、鄗以为天下[29]，齐桓公得管仲以霸诸侯，秦穆公得由余，西戎八国服[30]。闻得贤圣而蛮、貊来享[31]，未闻劫杀人主以怀远也。《诗》云：『惠此中国，以绥四方。』故『自彼氐羌，莫敢不来王[32]』。非畏其威，畏其德也。故义之服无义，疾于原马良弓[33]；以之召远，疾于驰传重驿[34]。

【注释】

①荆轲：战国时齐人，历游卫、燕，好读书击剑。燕太子丹客之，欲令劫秦王，返诸侯侵地。不可，因而刺杀之。荆轲持秦亡将樊於期首，怀匕首及燕所献督亢地图以行。至秦，献见秦王，图穷而匕首见，轲以匕首掷秦王，不中，遂遇害。②尺八：战国时一尺约合今七寸，尺八约合现在一尺二寸。③惮：《史记集解》引作操。④列：同裂。裂断，分成两断。贲：孟贲。育：夏育。都是战国时卫国的勇士。⑤专诸：春秋时吴勇士，曾替吴公子光刺杀吴王僚，使公子光夺得吴国王位（即阖闾）。⑥要离：春秋时吴勇士。公子光既弑吴王僚。僚子庆忌以勇闻，时在卫。光忧之，使要离往刺之。要离至卫，诡言请与庆忌俱渡江回吴，夺光之国。既至江中，拔剑刺之，中其要害而死。⑦棠溪：古地名，出利剑。铤：金属铸造的兵器，此指剑。⑧蹶强弩：用脚踏强弩的机关。⑨商君之走魏：商鞅在公元前340年，用计战胜魏军，俘魏公子沉，迫使魏国割河西之地与秦讲和。后魏国迁都到大梁（今河南省开封市，故『魏』又称『梁』）。⑩孙膑之破梁：公元前341年，齐国大将孙膑率军和魏国作战，用计引诱魏军追击，当魏军到马陵

（今河北省大名县东南）险要地带时，全歼魏军，俘虏魏将庞涓和魏太子申。⑪墨阳：韩地名，其地出好剑。今地不详。韩都新郑，为故郑地，故曰『郑之墨阳』。⑫誧：同胄，头盔。⑬莫耶：好剑名。相传吴王阖闾使干将造剑二把，一曰干将，一曰莫耶。⑭痺櫌，见《和亲篇》注释。棘：通戟。誌：锄柄。⑮冲隆：古代一种战车。⑯武昭：为汉人习惯用语，指装备精良，旗帜鲜明，即所谓军容甚盛之意。此谓是秦兵军容甚盛，但不能出击。⑰乌号：良弓名。⑱郭：在城的外围加筑的一道城墙。⑲卫者：卫士。⑳尸：此处作动词用，埋葬。孽：庶子，指吴王僚。立正：嫡子，即立公子光为国君。㉑镐冠：镐古通缟（一种白色的丝织品）吊丧戴的白色帽子。㉒聂政：战国时韩国轵人，因杀人而逃到齐。韩烈侯时，韩国严遂和相国韩傀争权结仇，逃跑到卫国。后严遂去齐国用黄金百镒（每镒二十两）求聂政为他报仇，聂政未答应。聂政在母死后，去卫国见到了严遂，后到韩国相府刺死韩傀，他也当场自杀身死。㉓韩廷：即韩傀相府。㉔曹刿，即曹沫。㉕穹庐：指匈奴。㉖遁：逃跑。㉗交臂：反缚。格：敌，抗拒。㉘区区：微小。亳：即薄。㉙廓：扩大。酆：即丰，古地名，位于今陕西省户县东。周灭商后曾在此建都。貍，即镐。㉚西戎八国：指陇以西的绵诸、绲戎、翟、豲，岐梁山泾漆之北的义渠、大荔、乌氏、朐衍。见《史记·匈奴传》。㉛享：进贡。㉜王：指归附统治。㉝原马：即沘马，见《力耕篇》注释。㉞驰传：古代用来传递朝廷文书或接送重要官吏的一种马车。重驿：沿途各站，依次轮驰。

论功

大夫曰：匈奴无城廓之守①，沟池之固，修戟强弩之用，仓廪府库之积，上无义法，下无文理②，君臣湧易③，上下无礼，织柳为室，旃還为盖④，素孤骨镞⑤，马不粟食。内则备不足畏，外则礼不足称。夫中国，天下腹心，贤士之所总⑥，礼义之所集，财用之所殖也。夫以智谋愚，以义伐不义，若因秋霜而振落叶。《春秋》曰：『桓公之与戎、狄，驱之尔。』

况以天下之力乎？

文学曰：匈奴车器无银黄丝漆之饰，素成而务坚。丝无文采裙袆曲襟之制[7]，都成而务完。男无刻镂奇巧之事，宫室城郭之功。女无绮绣淫巧之贡，纤绮罗纨之作。事省而致用，易成而难弊。虽无修戟强弩，戎马良弓；家有其备，人有其用，一旦有急，贯弓上马而已。资粮不见案首[8]，而支数十日之食，因山谷为城郭，因水草为仓廪。法约而易辨，求寡而易供。是以刑者而不犯，指麾而令从。湧于礼而笃于信，略于文而敏于事。故虽无礼义之书，刻骨卷木，百官有以相记，而君臣上下有以相使。群臣为县官计者，皆言其易而实难，是以秦欲驱之而反更亡也。故兵者凶器，不可轻用也。其以强为弱，以存为亡，一朝尔也[9]。

大夫曰：鲁连有言[10]：『秦权使其士，虏使其民。』故政急而不长。高皇帝受命平暴乱，功德巍巍，惟天同大焉。而文景承绪润色之[11]。及先帝征不义，攘无德，以昭仁圣之路，纯至德之基，圣王累年仁义之积也。今文学引亡国失政之治，而况之于今[12]，其谓匈奴难图[13]，宜矣！

文学曰：有虞氏之时，三苗不服，禹欲伐之。舜曰：『是吾德未喻也。』退而修政，而三苗服。不牧之地，不羁之民，圣王不加兵，不事力焉，以为不足烦百姓而劳中国也。今明主修圣绪，宣德化，而朝有权使之谋，尚首功之事[14]，臣固怪之。夫人臣席天下之势，奋国家之用，身享其利而不顾其主，此尉佗、章邯所以成王[15]，秦失其政也。孙子曰：『今夫国家之事，一日更百变，然而不亡者，可得而革也。逮出兵乎平原广牧，鼓鸣矢流，虽有尧、舜之知，不能更也[16]。』战而胜之，修礼礼义，继三代之迹，仁义附矣。战胜而不休，身死亡国者，吴王是也。

大夫曰：顺风而呼者易为气[17]，因时而行者易为力。文、武怀余力，不为后嗣计，故三世而德衰[18]，昭王南征[19]，死而不还。凡伯囚执而使不通[20]，晋取郊、沛王师败于茅戎[21]。今西南诸夷，楚庄之后[22]，朝鲜之王，燕之亡民也。南越尉佗起中国，自立为王，德至薄，然皆亡天下之大㉓，各自以为一州，倔强倨敖，自称老夫㉔。先帝为万世度，恐有冀州之累㉕，南荆之患㉖，于是遣左将军楼船平之㉗，兵不血刃，咸为县官也。七国之时，皆据万乘，南面称王，提珩为敌国累世㉘，然终不免俯首系虏于秦。今匈奴不当汉家之巨郡，非有六国之用，贤士之谋。由此观难易，察然可见也。

文学曰：秦灭六国，虏七王㉙，沛然有余力，自以为蚩尤不能害，黄帝不能斥。及二世弑死望夷㉚，子婴系颈降楚㉛，曾不得七王之俯首㉜。使六国并存，秦尚为战国，固未亡也。何以明之？自孝公以至于始皇，世世为诸侯雄，百有余年。及兼天下，十四岁而亡㉝。何则？外无敌国之忧，而内自纵恣也。自非圣人，得志而不骄佚者㉞，未之有也。

【注释】

①廓：同郭。②文理：正常秩序。③湧易：互相欺侮。④遝：与席古字通，此盖六朝唐人习用之俗字。『旃席为谏』，就是旃帐。（旃同毡）。⑤素孤：不涂漆、不绘画的木弓。骨镞：用兽骨制造的箭头。⑥总：聚集，集中。⑦丝：指用丝织物做成的衣服。袆：本指古代男人遮蔽膝盖的东西。本文指男子的下衣。曲襟：弯曲而互相交叠的衣襟。本文指男女上衣。⑧案首：盛粮食的器具。⑨一朝：意即顷刻之间。尔：语气词，罢了。⑩鲁连：即鲁仲连，战国时齐人。好画策，而高蹈不仕。游于赵，会秦围赵急，魏使新垣衍入赵，请尊秦为帝，以求罢兵。仲连不以为然，见衍责以大义。秦将闻之，为退军50里。⑪承绪：继承未完成的事业。润色：增加色彩。本文指发展功业。⑫况：作动词，比拟。⑬难图：难以战胜。⑭尚首功：《史记索隐》：『秦法，斩首多为上功。』尚、上古通。本文指对敌作战。⑮尉佗：即赵佗，秦代真定人。始皇时为南海龙川令。二世时，南海尉任嚣死，佗代行尉事，故曰尉佗。秦之后，自立为南越武王。章邯：秦二世时少府。二世二年，陈胜所遣周章等将西至戏，兵数十万。二世乃使章邯将郦山徒击破周章军。后以赵高用事，邯有所请，不用，遂降项羽，被项羽封为雍王。⑯今本《孙子兵法》及山东临沂银雀山汉墓新出土的《孙膑兵法》

均无此文。⑰气：声气，此处指声音。⑱三世：指周昭王姬瑕。由成王、康王到昭王，恰为三世。⑲昭王：周康王子，名瑕。时周室渐衰，昭王南巡至汉水。船人以胶船进王，王乘船至中流，胶船溶解，王及祭公都没入水中而死。⑳凡：周时诸侯国名，位于今河南省辉县境。㉑茅戎：即贸戎，居今山西省平陆县。㉒《史记·西南夷传》：『始楚威王时，使将军庄併将兵循江上略巴、蜀、黔中以西。庄併者，故楚庄王苗裔也。併至滇黔池，地方300里，旁平地肥饶数千里，以兵威定属楚，欲归报；会秦击楚巴、黔中郡，道塞不通，因还以其众王滇，变服，从其俗以长之。』㉓亡：与忘古通。㉔老夫：南越王尉佗答汉文帝书自称。这是表示尉佗不承认他和汉文帝有君臣关系。㉕冀州：即天下。㉖南荆之患：指昭王南巡不复事。㉗左将军：指荀彘。楼船：指楼船将军杨仆。元封二年（公元前109年），朝鲜王攻杀辽东都尉，汉武帝派楼船将军杨仆、左将军荀彘将应募罪人往讨之。又元鼎五年（公元前112年），南越王相吕嘉反，杀死汉使者及其王、王太后。武帝派伏波将军路博德、楼船将军杨仆等将罪人及江淮以南楼船10万人讨平之。㉘提珩：珩，同衡，势均力敌。㉙七王：韩王安、赵王迁、魏王假、荆王负刍、燕王喜、代王嘉、齐王建。代王嘉乃赵公子自立为代王者，虽为代王，仍属赵国，不得另立为一国，故但言灭六国。㉚望夷：秦时宫名。秦二世三年（公元前207年），赵高弑二世于此。故址位于今陕西省咸阳市、泾阳县交界处之睦村。㉛子婴：秦二世兄子。赵高杀二世，立子婴。子婴刺杀赵高，夷三族。楚将沛公刘邦入秦，子婴系颈以绳，白马素车，奉天子玺降于沛公。后被项羽所杀。㉜曾：副词，表示意外，即竟、竟然。㉝十四岁而亡：秦始皇二十六年（公元前221年）统一天下，三十七年（公元前210年）死于沙丘，二世三年（公元前207年）秦亡，共14年。㉞骄佚：佚，同逸，骄奢淫逸。

论灾

大夫曰：巫祝不可与并祀，诸生不可与逐语①，信往疑今，非人自是。夫道古者稽之今，言远者合之近。日月在天，其征在人②，灾异之变③，夭寿之期，阴阳之化，四时之叙④，水火金木⑤，妖祥之应⑥，鬼神之灵，祭祀之福，日月之行，星辰之纪⑦，曲言之故⑧，何所本始，不知则默，无苟乱耳⑨。

文学曰：始江都相董生推言阴阳⑩，四时相继，父生之，子养之，母成之，子藏之。故春生、仁，夏长、德，秋成、义，冬藏、礼。此四时之序，圣人之所则也。刑不可任以成化，故广德教。言远必考之迩，故内恕以行⑪。是以刑罚若加于己，勤苦若施于身。又安能忍杀其赤子以事无用⑫，罢弊听恃而达瀛海乎？盖越人美嬴蚌而简太牢⑬，鄙夫乐咋唶而怪韶濩⑭。故不知味者以芬香为臭，不知道者以美言为乱耳。人无夭寿，各以其好恶为命。羿、敖以巧力不得其死⑮，智伯以贪狼亡其身⑯。天灾之证，祯祥之应，犹施与之望报，各以其类及。故好行善者，天助以福，符瑞是也⑰。《易》曰：『自天祐之，吉无不利。』好行恶者，天报以祸，妖灾是也。《春秋》曰：『应是而有天灾。』周文、武尊贤受谏，敬戒不殆⑱，纯德上休⑲，神只相况⑳。《诗》云：『降福穰穰，降福简简㉑。』日者阳，阳道明；月者阴，阴道冥㉒；君尊臣卑之义。故阳光盛于上，众阴之类消于下；月望于天㉓，蚌蛤盛于渊。故臣不臣，则阴阳不调，日月有变；政教不均，则水旱不时，螟螣生㉔。此灾异之应也。四时代叙而人则其功，星列于天而人象其行。常星犹公卿也㉕，众星犹万民也。列星正则众星齐㉖，常星乱则众星坠矣。

大夫曰：文学言刚柔之类，五胜相代生㉗。《易》明于阴阳，《书》长于五行。春生夏长，故火生于寅木，阳类也；秋生冬死，故水生于申金，阴物也。四时五行，迭废迭兴，阴阳异类，水火不同器。金得土而成，得火而死，金生于巳，何说何言然乎㉘？

文学曰：兵者，凶器也，甲坚兵利，为天下殃。以母制子㉙，故能久长。圣人法之，厌而不阳㉚。《诗》云：『载戢干戈，载橐弓矢，我求懿德，肆于时夏㉛。』衰世不然。逆天道以快暴心，僵尸血流以争壤土，牢人之君，灾人之祀，杀人之子若绝草木，刑者肩靡于道㉜。以己之所恶而施于人。是以国家破灭，身受其殃，秦王是也。

大夫曰：金生于巳，刑罚小加，故荠麦夏死㉝。《易》曰：『履霜，坚冰至㉞。』秋始降霜，草木陨零㉟，合冬行诛，万物毕藏。春夏生长，利以行仁。秋冬杀藏，利以施刑。故非其时而树㊱，虽生不成。秋冬行德，是谓逆天道。《月令》：『凉风至，杀气动，蜻蟀鸣，衣裘成。天子行微刑，始儅蒌以顺天令㊲。』文学同四时，合阴阳，尚德而除刑。如此，则鹰隼不鸷㊳，猛兽不攫，秋不搜狝㊴，冬不田狩者也㊵。

文学曰：『天道好生恶杀，好赏恶罚。故使阳居于实而宣德施，阴藏于虚而为阳佐辅。阳刚阴柔，季不能加孟㊶。此天贱冬而贵春，申阳屈阴。故王者南面而听天下，背阴向阳，前德而后刑也。霜雪晚至，五谷犹成。雹雾夏陨，万物皆伤。由此观之：严刑以治国，犹任秋冬以成谷也。故法令者，治恶之具也，而非至治之风也。是以古者明王茂其德教，而缓其刑罚也。网漏吞舟之鱼，而刑审于绳墨之外㊷，及臻其末，而民莫犯禁也。』

【注释】

①逐：追随。逐语：随声附和。②征：征兆。③灾异：指水、旱、兵、荒、虫、疫等所造成的灾祸。④叙：同序，次序。⑤水火金木：指五行言。为取句法整齐，省去『土』字。⑥妖祥：凶吉。⑦纪：运转。⑧曲言：详细说明。之：其。⑨乱耳：乱人听闻。⑩江都：汉武帝为诸侯王刘非的封地。邑都在江阴（今江苏省扬州市）。董生：即董仲舒，汉代广川人。少治《公羊春秋》，景帝时为博士。武帝时屡对策，为帝所重，拜为江都相。后废为中大夫。复因言灾异，下狱论死，获赦。后为胶西王相，以病免。董仲舒为汉代儒家学派代表人物，主张『废黜百家，独尊儒术』，宣扬『天人感应说』及『天不变道亦不变』论，反对汉武帝的盐、铁官营政策。著有《春秋繁露》等书。董仲书所著《春秋繁露》中，有《阴阳经》《阴阳终始》《阴阳义》《阴阳出入》等篇。⑪内恕：设身处地为别人考虑。⑫赤子：婴儿。这里指人民。

⑬蠃：通螺，俗称田螺。太牢：古代称牛、羊、豕凡三牲曰太牢。今独称牛为太牢。⑭咤：叱喝。唶：大声呼喊。韶鄘：商汤时的乐曲名。⑮羿：即后羿，传说是夏代有穷国的君主，以善射著称。灭夏后相而篡其位，后为其臣寒浞所杀。敖：即奡，《左传》作浇。传说中的古代大力士。巧：指善射。⑯智伯：解见《毁学篇》注释。⑰符瑞：古称天降吉祥的预兆以为人君受之应，叫作符瑞。⑱殆：与怠同，松懈。⑲休：喜欢。⑳神只：古代称天神为神，地神为只。况：同贶，恩赐。㉑穰穰：多的意思。简简：大的意思。㉒冥：昏暗。日阳明，月阴冥，比喻君尊臣卑。㉓月望：即望月，指阴历每月十五日。㉔螟鉼：田间害虫，此指虫灾。㉕常星：即恒星。汉朝避汉文帝刘恒讳，改恒为常。㉖列星：旧时对恒星的别称，又称为经星或定星。㉗五胜：古代以五行生克为帝王嬗代之应。㉘何：疑为「可」之误。㉙毋：此处指儒家所谓的根本道德。子：这里指打仗。㉚之：代词，指「以毋制子」。厌：抑制。不阳：不使阴变为阳（「以毋制子」则指以阳制阴）。㉛载：乃，于是。戢：聚集，收藏起来。櫜：古时装弓箭的袋子。此处是装起来的意思。肆：布满。时：即此。夏：即中原，指周统治下的黄河中下游地区。㉜靡：同摩。肩靡，肩与肩互相摩擦，形容人很多。㉝荠：荠菜，二年生草本植物，花白色，茎叶嫩时可以吃，夏天成熟枯死。㉞履：踩。㉟陨零：凋谢零落。㊱树：种植。㊲《月令》：《礼记》篇名。蜻蟠：蟋蟀。儅蒌：即儅祕，祭名。儅，动物名，虎属。常以立秋日祭兽。国君也以此日出猎，还以祭祀宗庙，故有儅祕之祭。㊳隼：一种凶猛的鸟。鸷：凶猛的鸟。此处作动词用。不鸷，不捕食小鸟。㊴搜狝：古时指秋天打猎。㊵狩：古时指冬天打猎。㊶季：末尾。孟：开始。兄弟排行，有时用伯、仲、叔、季作次第，孟是开始的，季是结尾的，所以说「季不能加孟」。㊷绳墨：木匠画直线用的工具。此处比喻规矩或法度。

第九章　小说家

小说家概述

小说家是诸子百家之一。在中国春秋战国时期，小说家指的是记录民间街谈巷语的人。《汉书·艺文志》中说：『小说家者流，盖出于稗官；街谈巷语、道听途说者之所造也。』小说家的著作能展现当时的社会风俗。然而，因为小说是小道，不为世人所重视，『虽小道，必有可观者焉，致远恐泥，是以君子弗为也』。

《世说新语》

【导读】

《世说新语》，原名《世说》，唐代称《世说新语》，是我国南朝宋时期产生的一部论述魏晋人物言谈逸事的笔记小说。作者是刘义庆（公元 403 年—444 年），彭城（今江苏徐州市）人，南朝宋文学家，宋武帝刘裕侄，长沙景王刘道怜次子，继承叔父临川王刘道规，袭封临川王，征为侍中。文帝时，转散骑常侍、秘书监，徙度支尚书，迁丹阳尹，加辅国将军。后任尚书左仆射，加中书令，出为荆州刺史，再转任南兖州刺史，加开府仪同三司。后因疾还京，卒年四十一岁，谥康王。《宋书》本传说他『为性简素，寡嗜欲，爱好文义，才词虽不多，然足为宗室之表』，『招聚文学之士，近远必至』。

全书原八卷，今传本皆作三卷，分为德行、言语、政事、文学、方正、雅量等三十六篇，全书共一千多则，记述汉末至刘宋时期名士贵族的逸事趣事，主要为有关人物评论、清谈玄言和机智应对的故事。

德行第一

管宁、华歆共园中锄菜①，见地有片金，管挥锄与瓦石不异，华捉而掷去之。又尝同席读书，有乘轩冕过门者②，宁读如故，歆废书出看。宁割席分坐曰③：『子非吾友也。』

【注释】

①管宁：字幼安，三国时北海朱虚人，长期隐居，魏文帝曹丕、魏明帝曹叡先后征召他出来做官，都坚辞不受。华歆：字子鱼，三国时平原高唐人，曹丕即魏王位，任相国，封安乐乡侯，丕篡汉即帝位后封司徒，魏明帝时进封博平侯，拜太尉。②轩冕：古代一种有帷幕而前顶较高的车子叫『轩』，天子、诸侯、卿、大夫的礼帽叫『冕』，大夫以上的贵人才可以乘轩戴冕。③割席分坐：把席子割断，分开座位，表示不屑于同坐在一张席上。后『割席分坐』表示与人绝交。

言语第二

谢太傅寒雪日内集①，与儿女讲论文义②。俄而雪骤，公欣然曰：『白雪纷纷何所似？』兄子胡儿曰③：『撒盐空中差可拟。』兄女曰④：『未若柳絮因风起。』公大笑乐。即公大兄无奕女⑤，左将军王凝之妻也⑥。

【注释】

①谢太傅：即谢安。内集：家庭的聚会。②文义：有关诗文的道理。③胡儿：谢朗，字长度，小字胡儿，是谢安次兄谢据的长子。④兄女：谢道韫，谢安哥哥的女儿。⑤无奕：谢奕，字无奕，谢安的长兄，谢道韫的父亲。⑥王凝之：谢道韫的丈夫，王羲之的儿子，官左将军。

政事第三

陈仲弓为太丘长①，有劫贼杀财主，主者捕之。未至发所②，道闻民有在草不起子患者③，回车往治之。主簿曰：

『贼大，宜先按讨[4]。』仲弓曰：『盗杀财主，何如骨肉相残？』

【注释】

①陈仲弓：即陈寔（104—187），字仲弓，东汉颍川许县（今河南许昌东）人。曾任太丘长，故称『陈太丘』。②发所：现场。③在草：指妇女分娩。不起子：遗弃、不收养生下的婴儿。④按讨：追究惩治。

文学第四

郑玄家奴婢皆读书[1]。尝使一婢，不称旨[2]，将挞之。方自陈说，玄怒，使人曳著泥中[3]。须臾，复有一婢来，问曰：『胡为乎泥中[4]？』答曰：『薄言往愬，逢彼之怒[5]。』

【注释】

①郑玄（127—200）：字康成，东汉北海高密（今属山东）人，经学家。他游学十余年后回乡聚徒讲学。后因党锢之事被禁，潜心著述，以古文经说为主，兼采今文经说，遍注群经。今通行本《十三经注疏》中《毛诗》《周礼》《仪礼》《礼记》，即采用郑玄注。②称旨：与意愿、想法相符合。③曳著泥中：拉到污泥中。④胡为乎泥中：为什么在污泥中呢？语出《诗经·邶风·式微》。⑤薄言往愬，逢彼之怒：有话去申诉，正逢他发怒。语出《诗经·邶风·柏舟》。

谢公因子弟集聚[1]，问：『《毛诗》何句最佳[2]？』遏称曰[3]：『昔我往矣，杨柳依依；今我来思，雨雪霏霏[4]。』公曰：『訏谟定命，远猷辰告[5]。』谓此句偏有雅人深致[6]。

【注释】

①谢公：谢安。②《毛诗》：西汉为《诗》作传者四家之一，毛公所传为称《毛诗》，即今本《诗经》。③遏：谢玄（343—388），字幼度，小字遏。谢奕之子，谢安之侄。④昔我往矣，杨柳依依；今我来思，雨雪霏霏：意思是离家时是春天，

归来时是寒冬，叙写征夫行役之苦而情景交融。依依，轻柔的样子。思，助词。雨，动词，落。霏霏，雪盛的样子。语出《诗经·小雅·采薇》。⑤讦谟定命，远猷辰告：有宏大的计划就定为号令，有远大的政策就及时宣告。讦谟，宏谋。定命，定为号令。远猷，长远大计。辰，时。语出《诗经·大雅·抑》。⑥偏：最。雅人深致：高雅的人所具有的深远情致。

捷悟第十一

魏武尝过曹娥碑下[1]，杨修从[2]。碑背上见题作『黄绢幼妇，外孙齑臼』八字[3]，魏武谓修曰：『解不？』答曰：『解。』魏武曰：『卿未可言，待我思之。』行三十里，魏武乃曰：『吾已得。』令修别记所知。修曰：『黄绢，色丝也，于字为「绝」。幼妇，少女也，于字为「妙」。外孙，女子也，于字为「好」。齑臼，受辛也，于字为「辤」。所谓「绝妙好辤」也。』魏武亦记之，与修同，乃叹曰：『我才不及卿，乃觉三十里[4]。』

【注释】

①魏武：即曹操。曹丕建魏朝后，追尊曹操为武帝。曹娥：东汉会稽上虞（今属浙江）人。汉安二年（143年），曹娥14岁，其父曹盱淹死江中，她沿江号哭17天，投江而死。桓帝元嘉元年（151年），县令度尚为之改葬立碑，命弟子邯郸子礼作碑文，旌表曹娥孝道。②杨修（175—219）：字德祖，东汉末弘农华阴（今属陕西）人，杨彪之子。博学多闻，才思敏捷。汉献帝建安中举孝廉，除郎中，丞相曹操署为仓曹主簿，总知内外，事皆称意。自曹丕以下，争与交好，操心忌之。修为曹植谋划，欲使植取魏太子地位。后植失宠于操，操以为修有智谋，又是袁术之甥，虑有后患，借故杀之。③齑臼：齑，切成或舂成细末的腌菜。臼，石制舂物器具。臼中装入大蒜等腌菜舂之为末，其味辛辣，所以下文释为『受辛』。『辤』，『辞』的异体字。④觉：通『较、校』，相差。

任诞第二十三

刘伶恒纵酒放达[①]，或脱衣裸形在屋中。人见讥之，伶曰：『我以天地为栋宇[②]，屋室为裈衣[③]，诸君何为入我裈中？』

【注释】

①刘伶：西晋沛国（今安徽宿县西北）人，字伯伦，魏末为建威参军。与嵇康、阮籍等相善，同为『竹林七贤』。②栋宇：屋梁和屋檐。代指房屋。③裈：有裆的裤子。

汰侈第三十

石崇与王恺争豪[①]，并穷绮丽，以饰舆服。武帝，恺之甥也，每助恺。尝以一珊瑚树高二尺许赐恺，枝柯扶疏[②]，世罕其比。恺以示崇。崇视讫，以铁如意击之，应手而碎。恺既惋惜，又以为疾己之宝，声色甚厉。崇曰：『不足恨，今还卿。』乃命左右悉取珊瑚树，有三尺四尺，条干绝世，光彩溢目者六七枚，如恺许[③]比[④]其众。恺惘然自失。

【注释】

①石崇（249—300）：字季伦，西晋渤海南皮（今属河北）人。初历修武令、城阳太守，以伐吴功封安阳乡侯。累迁散骑常侍、侍中、荆州刺史。后为赵王司马伦收斩。王恺：字君夫，晋东海郯（今山东郯城北）人。王肃子，晋武帝司马炎之舅。②枝柯扶疏：枝柯，枝条。扶疏，繁茂的样子。③恺许：王恺处。④比：相当。

《搜神记》

【导读】

《搜神记》是汉魏六朝志怪小说的代表作，由东晋干宝编撰。干宝，字令升，河南新蔡人。东晋史学家，曾以著作郎领修国史，著有《晋史》三十卷。干宝有感于生死之事，『遂撰集古今神祇灵异人物变化，名为《搜神记》』。

《搜神记》原本已散失，今本系后人缀辑增益而成。共二十卷，四百五十四个大小故事，其故事情节简单，想象奇特，对后世文学影响深远。如陶潜的《搜神记后记》10卷和宋代章炳文的《搜神秘览》上下卷都是《搜神记》的仿制品。除此之外，唐代传奇故事、蒲松龄的《聊斋志异》等后世的小说、戏曲亦和它有着密切的关系。

《干将镆铘》是整本书中最著名的篇章之一，主要讲述子替父报仇的故事，其情节尤其怪异，想象极其丰富。鲁迅先生的作品《铸剑》就取材于此篇。

干将镆铘

楚干将、镆铘为楚王作剑[①]，三年乃成。王怒，欲杀之。剑有雌雄。其妻重身当产[②]，夫语妻曰：『吾为王作剑，三年乃成。王怒，往必杀我。汝若生子是男，大，告之曰：「出户望南山，松生石上，剑在其背。」』于是即将雌剑往见楚王。王大怒，使相之[③]：『剑有二，一雄一雌。雌来，雄不来。』王怒，即杀之。

镆铘子名赤比[④]，后壮，乃问其母曰：『吾父所在？』母曰：『汝父为楚王作剑，三年乃成。王怒杀之。去时嘱我：「语汝子：出户望南山，松生石上，剑在其背。」』于是子出户南望，不见有山，但睹堂前松柱下，石低之上[⑤]，即以斧破其背，得剑。日夜思欲报楚王。

王梦见一儿，眉间广尺，言欲报仇，王即购之千金。儿闻之，亡去，入山行歌。客有逢者[⑥]，谓：『子年少，何哭之甚悲耶？』曰：『吾干将、镆铘子也。楚王杀吾父，吾欲报之！』客曰：『闻王购子头千金，将子头与剑来，为子报之。』儿曰：『幸甚！』即自刎，两手捧头及剑奉之，立僵。客曰：『不负子也。』于是尸乃仆。

客持头往见楚王，王大喜。客曰：『此乃勇士头也。当于汤镬煮之[⑦]。』王如其言。煮头三日三夕，不烂，头踔出汤中，踬目大怒[⑧]。客曰：『此儿头不烂，愿王自往临视之，是必烂也。』王即临之。客以剑拟王，王头随堕汤中。

客亦自拟己头⑨，头复堕汤中。三首俱烂，不可识别。乃分其汤葬之，故通名『三王墓』。今在汝南北宜春县界⑩。

【注释】

①干将、镆铘：干将，春秋时期铸剑名匠，镆铘为其妻子。后人以此作为雄雌二剑的名字。②重身：指怀孕。③相：观察。④比：等到。⑤松柱：松木做的檐柱。低，当为『砥』。石砥，石础。⑥客：侠客。古代常有游侠之士，慷慨仗义。⑦汤镬：汤锅，大如鼎而无足。⑧踔：跳跃。此指在滚水中腾跃。踬目：嗔目，睁大眼睛。⑨拟：比画。意思是用剑对准头砍去。⑩北宜春：古县名，在今河南汝县西南一带。

《颜氏家训》

【导读】

《颜氏家训》是南北朝时期颜之推编撰的记述个人经历、思想、学识以告诫子孙的著作。共七卷，二十篇。颜之推，字介，琅玡临沂人。南北朝时期著名的思想家、教育家、诗人、文学家。《颜氏家训》被后人誉为家教典范，影响很大。《慕贤》篇乃颜之推教诫后学要慕贤思齐。篇首，颜之推提出近贤的益处。接着作者认为一般人多不识身边的贤人而轻侮之，并举其经历说明贤德之人常在身边，要能知晓身边的贤人而珍惜之。最后作者以历史的教训阐释应该重视人才，爱惜人才，认为人才为国家之本。

慕贤

古人云：『千载一圣，犹旦暮也；五百年一贤，犹比髆也①。』言圣贤之难得，疏阔如此②。傥遭不世明达君子③，安可不攀附景仰之乎？吾生于乱世，长于戎马，流离播越④，闻见已多，所值名贤，未尝不神醉魂迷向慕之也。人在少年，神情未定，所与款狎⑤，熏渍陶染⑥，言笑举动，无心于学，潜移暗化，自然似之。何况操履艺能⑦，较明易习者也？是以与善人居，如入芝兰之室⑧，久而自芳也；与恶人居，如入鲍鱼之肆⑨，久而自臭也。墨翟悲于染丝⑩，是之谓矣。君子必慎交游焉。孔子曰：『无友不如己者⑪。』颜、闵之徒⑫，何可世得！但优于我，便足贵之。

世人多蔽⑬，贵耳贱目，重遥轻近⑭。少长周旋⑮，如有贤哲，每相狎侮⑯，不加礼敬；他乡异县，微藉风声，延颈企踵⑰，甚于饥渴。校其长短，覈其精粗⑱，或彼不能如此矣。所以鲁人谓孔子为东家丘。昔虞国宫之奇，少长于君，君狎之，不纳其谏，以至亡国⑲，不可不留心也。

用其言，弃其身，古人所耻。凡有一言一行，取于人者，皆显称之⑳，不可窃人之美，以为己力。虽轻虽贱者，必归功焉。窃人之财，刑辟之所处㉑；窃人之美，鬼神之所责。

梁孝元前在荆州㉒，有丁觇者㉓，洪亭民耳，颇善属文，殊工草隶㉔，孝元书记㉕，一皆使之，军府轻贱㉖，多未之重，耻令子弟以为楷法㉗，时云：『丁君十纸，不敌王褒数字㉘。』吾雅爱其手迹，常所宝持㉙。孝元尝遣典签惠编送文章示萧祭酒㉚，祭酒问云：『君王比赐书翰㉛，及写诗笔㉜，殊为佳手㉝，姓名为谁？那得都无声问㉞？』编以实答。子云叹曰：『此人后生无比，遂不为世所称㉟，亦是奇事。』于是闻者少复刮目㊱。稍仕至尚书仪曹郎，末为晋安王侍读㊲，随王东下。及西台陷殁㊳，简牍湮散，丁亦寻卒于扬州㊴。前所轻者，后思一纸，不可得矣。

侯景初入建业㊵，台门虽闭㊶，公私草扰㊷，各不自全。太子左卫率羊侃坐东掖门㊸，部分经略㊹，一宿皆办，遂得百余日抗拒凶逆。于时，城内四万许人，王公朝士，不下一百，便是恃侃一人安之，其相去如此。古人云：『巢父、许由，让于天下；市道小人，争一钱之利。』亦已悬矣㊺。

齐文宣帝即位数年㊻，便沉湎纵恣，略无纲纪㊼，尚能委政尚书令杨遵彦㊽，内外清谧㊾，朝野晏如㊿，各得其所，物无异议，终天保之朝(51)。遵彦后为孝昭所戮(52)，刑政于是衰矣。斛律明月齐朝折冲之臣(53)，无罪被诛，将士解体，周人始有吞齐之志[54]，关中至今誉之[55]。此人用兵，岂止万夫之望而已哉！国之存亡，系其生死。

张延隽之为晋州行台左丞[56]，匡维主将，镇抚疆埸，储积器用，爱活黎民，隐若敌国矣[57]。群小不得行志，同力迁之[58]。既代之后，公私扰乱，周师一举，此镇先平。齐亡之迹，启于是矣。

【注释】

①比髆：比：并列，挨着。髆：肩胛。肩膀挨着肩膀，形容贤人一个挨着一个出现。②疏阔：间隔疏远，形容圣贤出现稀少。③傥：如果。不世：非一世所能有，形容世所稀有。④播越：流亡。⑤款狎：款洽狎习。形容关系密切、亲近。⑥熏：熏炙。渍：浸渍。陶：陶冶。染：濡染。⑦操履艺能：操守德行和技艺才能。⑧芝兰：香草。⑨鲍鱼：咸鱼。鲍鱼之肆：卖咸鱼的铺子，比喻恶人聚集的地方。⑩墨子：战国时期著名思想家，创立墨家学派。悲于染丝：指墨子见到丝被染色而发悲叹。⑪友：动词，指交朋友。⑫颜、闵：指颜回，闵子骞，孔子弟子，两人都以德行闻名。⑬蔽：蒙蔽，偏见。⑭遥：遥远。⑮少长：从少年到老年。周旋：在身边周围的人。⑯狎：接近。侮：轻慢。⑰延颈：伸长脖子。企踵：踮起脚跟。⑱覈：检验，核实。⑲不纳其谏，以至亡国：出自《左传·僖公二年》。据载晋国向虞国借道灭虢，宫之奇进谏不可借道，虞君不纳，借道给晋国，晋国灭亡虢国后回师途中又灭掉虞国。⑳称：称赞。㉑辟：法度，法律。处：处罚。㉒梁孝元：指梁元帝。㉓丁觇：唐张彦远《法书要录》：『丁觇，与智永同时人，善隶书，世称丁真永草。』㉔殊：特别。工：精通。草隶：草书、线隶书。㉕书记：文书的记载。㉖军府：梁元帝当时为湘东王，都督六州诸军事，故称军府。轻贱：指军府轻视丁觇。㉗楷法：指习字者以为模范。㉘王褒：《周书·王褒传》：『褒，字子渊，琅邪临沂人。梁国子祭酒萧子云，褒之姑父也，特善草隶。褒以姻戚去来其家，遂相模范，俄而名亚子云，并见重于世。』㉙宝持：像珍宝一样持有。㉚典签：本为处理文书的小吏。南朝宋齐时朝廷常派以监视出任方镇的

宗室诸王和各州刺史，权力甚大。梁以后渐废。隋唐诸王府亦设典签，但仅掌文书。宋以后废除。萧祭酒：即萧子云，南朝梁史学家、文学家。字景乔，兰陵（今江苏常州）人，26岁著《晋书》，30岁任梁秘书郎，后迁太子舍人，著《东宫新记》。后累迁北中郎外兵参军，晋安王府文学、司徒、主簿和吏部长史兼侍中等职，他还善于草隶书法。祭酒：官职名，古代主管国子监或太学的教育行政长官。㉛比：近来。㉜诗笔：六朝人以诗、笔对言，笔指无韵之文。㉝佳：好。㉞声问：声闻，声誉。㉟遂：竟然。㊱少：通『稍』，逐渐。刮目：擦拭眼睛，形容不再用旧眼光看人，改用新眼光看人。㊲晋安王：即梁简文帝萧纲，字世缵，南兰陵（今江苏武进）人。梁武帝第三子，天监五年，封晋安王。由于长兄萧统早死，他在中大通三年（531）被立为太子。太清三年（549），侯景之乱，梁武帝被囚饿死，萧纲即位，大宝二年（551）为侯景所害。侍读：南北朝时为诸王属官，为诸王讲学的官员。㊳西台：南北朝时称中央政府为台省，梁元帝在江陵称帝，江陵在西，故称西台。㊴寻：随即，不久。㊵侯景：侯景，字万景，朔方人，或云雁门人。先为北魏以功擢为定州刺史、大行台，封濮阳郡公。后北魏分裂，投靠东魏高欢。高欢死，侯景投降梁朝武帝，驻守寿阳，不久起兵反叛，于太清三年（549）攻破建康（南京），梁武帝萧衍被困饿死。景立萧纲为帝，又废杀萧纲立萧栋。天正元年（551），侯景终于废萧栋而称帝，国号汉。简文帝大宝二年（552），被陈霸先、王僧辩所击败。侯景企图逃亡，被部下所杀。建业：建康，即现在的南京。㊶台门：晋宋间称朝廷禁城为台城，台门即为台城门。㊷公私：朝廷官吏和私人百姓。草扰：纷乱。㊸左卫率：据《唐六典》：『左右卫率，掌东宫兵仗羽卫之政令，以总诸曹之事。』掖门：台城正南端门，其左右二门称为东、西掖门。㊹部分：部署处分。经略：筹划治理。㊺悬：悬殊。㊻齐文宣帝：《北齐书·文宣帝纪》：『显祖文宣皇帝，讳洋，字子建，高祖第二子，世宗之母弟。受东魏禅，即皇帝位，改武定八年为天保元年。六七年后，以功业自矜，纵酒肆欲，事极猖狂，昏邪残暴，近世未有。』㊼纲纪：指纪律。㊽杨遵彦：杨愔，字遵彦，小名秦王，弘农华阴人。北齐天保初，以本官领太子少傅，别封阳夏县男。又诏监太史，迁尚书右仆射。九年，徙尚书令，又拜特进、骠骑大将军。十年，封开封王。朝章国命，一人而已，推诚体道，时无异议。后为孝昭帝所诛，时年50。天统末，追赠司空。㊾清谧：清静，宁静。㊿晏如：安然。(51)天保：北齐文宣帝高洋年号。(52)孝昭：即孝昭帝，北齐高祖高欢第六子，名演，字延安，文宣帝之母弟。文宣崩，幼主即位，高演除太傅录尚书事，总揽朝政。杨愔以高演威望既重，内惧权逼，请削其权，遂为高演所杀。后幼主废，高演即位，为孝昭帝。(53)斛律明月：即斛律光。北齐名将，字明月，朔州（今山西朔县）人，高车族。(54)周：北周。(55)关中：指陕西关中，因西有大散关，东有函谷关，北有崤关，南有武关，为四塞之国，故称关中。(56)行台：魏晋至金代尚书台（省）临时在外设置的分支机构。『台』指在中央的尚书省，出征时于其驻扎之地设立临时性机构称为行台，又称行尚书台或行台省。(57)隐：威重的样子。(58)迁：使其迁离，指排挤。

勉学（节选）

夫所以读书学问，本欲开心明目①，利于行尔。未知养亲者，欲其观古人之先意承颜②，怡声下气③，不惮劬劳④，以致甘榜⑤，惕然惭惧⑥，起而行之也；未知事君者，欲其观古人之守职无侵，见危授命⑦，不忘箴谏，以利社稷，恻然自念⑧，思欲效之也；素骄奢者，欲其观古人之恭俭节用，卑以自牧⑨，礼为教本⑩，敬者身基⑪，瞿然自失⑫，敛容抑志也⑬；素鄙吝者，欲其观古人之贵义轻财，少私寡欲，忌盈恶满⑭，赒穷恤匮⑮，赧然悔耻，积而能散也；素暴悍者，欲其观古人之小心黜己⑯，齿弊舌存⑰，含垢藏疾⑱，尊贤容众，䒴然沮丧⑲，若不胜衣也⑳；素怯懦者，欲其观古人之达生委命㉑，强毅正直，立言必信，求福不回㉒，勃然奋厉，不可恐慑也。历兹以往，百行皆然。纵不能淳，去泰去甚㉓。学之所知，施无不达。

世人读书者，但能言之，不能行之，忠孝无闻，仁义不足。加以断一条讼，不必得其理；宰千户县㉔，不必理其民；问其造屋，不必知楣横而棁竖也㉕；问其为田，不必知稷早而黍迟也。吟啸谈谑，讽咏辞赋，事既优闲，材增迂诞㉖，军国经纶㉗，略无施用，故为武人俗吏所共嗤诋㉘，良由是乎！

夫学者所以求益耳。见人读数十卷书，便自高大，凌忽长者㉙，轻慢同列。人疾之如仇敌，恶之如鸱枭㉚。如此以学自损，不如无学也。

古之学者为己，以补不足也；今之学者为人，但能说之也㉛。古之学者为人，行道以利世也；今之学者为己，修身以求进也㉜。夫学者，犹种树也，春玩其华，秋登其实。讲论文章，春华也，修身利行，秋实也。

人生小幼，精神专利㉝。长成以后，思虑散逸。固须早教，勿失机也。吾七岁时，诵《灵光殿赋》㉞，至于今日，十年一理㉟，犹不遗忘；二十之外，所诵经书，一月废置，便至荒芜矣。然人有坎壈㊱，失于盛年，犹当晚学，不可自弃。孔子云：『五十以学《易》，可以无大过矣』。魏武、袁遗㊲，老而弥笃㊳，此皆少学而至老不倦也。曾子七十乃学㊴，名闻天下；荀卿五十㊵，始来游学，犹为硕儒；公孙弘四十余㊶，方读《春秋》，以此遂登丞相；朱云亦四十㊷，始学《易》《论语》；皇甫谧二十㊸，始受《孝经》《论语》。皆终成大儒，此并早迷而晚寤也㊹。世人婚冠未学，便称迟暮，因循面壁㊺，亦为愚耳。幼而学者，如日出之光，老而学者，如秉烛夜行，犹贤乎瞑目而无见者也。

【注释】

①开心：开，开启。心，心智。②先意承颜：指孝子揣摩父母的心意而顺承父母的心意去做。③怡声下气：声音和悦，态度恭敬。④惮：害怕。劬劳：过分劳苦。⑤𪲔：肉柔软脆嫩。⑥惕然：忧虑的样子。⑦见危授命：在危险的时候献出自己的生命。⑧恻然：悲痛的样子。⑨卑以自牧：牧，养。保持谦卑以修养德行。⑩礼为教本：礼为教化的根本。⑪敬者身基：敬为立身的基础。⑫瞿然：惊变的样子。自失：茫然而不知所措。⑬敛容：收敛面部骄奢的面容，现出严肃的神色。抑志：抑制骄奢的心态。⑭忌：憎恶。恶：讨厌。⑮赒：周济救助。恤：救济。匮：贫穷。⑯黜：贬抑。⑰齿弊

舌存：弊，坏。存，保存，保留。形容刚强的东西容易折坏，柔软的东西容易保存。⑱含垢藏疾：形容能包容污垢，隐藏疾害。⑲裺然：精神颓丧的样子。⑳不胜衣：连衣服的重量都不能承担。形容谦逊退让的样子。㉑达生：通晓生命的道理。委命：听从命运支配。㉒求福不回：回，违，邪。㉓泰：奢侈。甚：过分。㉔宰：治理。千户县：指最小的县。㉕楣：指门框上的横木。棁：指梁上的短柱。㉖迂：僻、远。诞：虚妄、荒唐。㉗军国：军政国事。经纶：用来比喻筹划治理。㉘嗤：讥笑。诋：毁辱。㉙凌忽：欺凌、轻视。㉚鸱枭：猫头鹰一类的鸟，比喻那些邪恶的人。㉛为己：指学而能履行。为人：只能言而不履行。㉜进：指做官。㉝专利：专心敏锐。㉞《灵光殿赋》：《后汉书·文苑传》：『王逸字延寿，字文考，有俊才，少游鲁国，作《灵光殿赋》。』㉟理：温习。㊱坎壈：困顿不得志。㊲魏武：指魏武帝曹操。袁遗：字伯业，袁绍的堂兄，为长安令。㊳弥：更加，甚。笃：专心好学。㊴曾子：孔子弟子，名参，字子舆。㊵荀卿：即荀子，名况，字卿。战国时期赵国猗氏（今山西安泽）人，著名思想家、文学家、政论家，儒家重要代表人物之一。㊶公孙弘：字季，一字次卿，西汉淄川国（郡治在寿光南纪台乡）薛人。小时候家境贫寒，曾为富人在海边放猪维持生活。年轻时，他曾任过薛县的狱吏，因为没有学识，常发生过失，故犯罪免职。为此，他立志在麓台（望留镇麓台村）读书，苦读到40岁，又随老师胡母子始修《春秋公羊传》。建元元年（公元前140年），汉武帝即位，便下诏访求为人贤良通文学之人。当时，公孙弘年已60，他去应征，被任命为博士。元朔中，被任命为丞相，封为平津侯。㊷朱云：字游，原为鲁人，后迁居平陵。年轻时喜欢结交游侠，身高八尺有余，容貌甚佳，以勇力闻名。到40岁时，他才改变行节跟从博士白子友学习《易经》，又师从前将军萧望之学习《论语》。他都能传承师业，世人因此很尊重他。㊸皇甫谧：字士安，安定朝那人。到20岁的时候，还不好学，游荡无度所。后叔母任氏，对他进行教诲才感动不已，就乡人席坦受书，勤力不怠，遂博综典籍百家之言，以著述为务，自号玄晏先生。㊹寤：通『悟』，觉悟。㊺因循：沿袭旧习惯，比喻不思进取。

第十章　医家

医家概述

医家是诸子百家之一，它的代表人物有扁鹊和葛洪等。医家泛指所有从医的人。中国医学理论的形成，是在公元前5世纪下半叶到公元3世纪中叶，共经历了700多年。从奴隶社会向封建社会过渡，到封建制度确立，这是中国历史上是一个大动荡的时期。社会制度的变革，促进了经济的发展，意识形态和科学文化领域都出现了新的形势，其中包括医学的发展。医家著作为中国后世保存了大量珍贵的医学原始资料。

《黄帝内经》

【导读】

《黄帝内经》是中国传统医学四大经典著作之一，它的作者已难稽考。多数学者认为，此书写成于战国后期，修订于汉代。当时的风气，是『尊古而贱今，故为道者必托之于神农、黄帝而后能人说』（《淮南子·修务训》）。作者的真名，也因此而湮没了。本书的理论体系宏大，建立了中医学上的阴阳五行说、脉象学说、藏象学说、经络学说、病因学说、病机学说、养生学、运气学等学说。它的医学原理是建立在我国古代道家理论的基础之上的，充分反映了古代天人合一的思想。

上古天真论（节选）

昔者黄帝[①]，生而神灵，弱而能言，幼而徇齐[②]，长而敦敏[③]，成而登天[④]。乃问于天师[⑤]曰：余闻上古之人，春秋[⑥]皆度百岁，而动作不衰；今时之人，年半百而动作皆衰者，时世异耶？人将失之耶[⑦]？

岐伯对曰：上古之人，其知道⑧者，法于阴阳⑨，和于术数⑩，食饮有节，起居有常，不妄作劳，效能形与神俱，而尽终其天年，度百岁乃去。

今时之人不然也，以酒为浆⑪，以妄为常，醉以入房⑫，以欲竭其精⑬，以耗散其真，不知持满⑭，不时御神⑮，务快其心，逆于生乐⑯，起居无节，故半百而衰也。夫上古圣人之教下也，皆谓之虚邪贼风⑰，避之有时，恬惔虚无⑱，真气从之⑲，精神内守，病安从来？是以志闲而少欲，心安而不惧，形劳而不倦，气从以顺，各从其欲，皆得所愿⑳。故美其食，任其服，乐其俗，高下不相慕，其民故曰朴。是以嗜欲不能劳其目，淫邪不能惑其心，愚智贤不肖，不惧于物，故合于道。所以能年皆度百岁而动作不衰者，以其德全不危也。

黄帝曰：余闻上古有真人者㉑，提挈天地，把握阴阳，呼吸精气，独立守神，肌肉若一，故能寿敝天地，无有终时，此其道生㉒。

中古之时，有至人者，淳德全道，和于阴阳，调于四时，去世离俗，积精全神，游行天地之间，视听八远之外，此盖益其寿命而强者也，亦归于真人㉓。

其次有圣人者，处天地之和，从八风之理，适嗜欲于世俗之间，无恚嗔之心，行不欲离于世，被服章，举不欲观于俗，外不劳形于事，内无思想之患，以恬愉为务，以自得为功，形体不敝，精神不散，亦可以百数㉔。

其次有贤人者，法则天地，象似日月，辩列星辰，逆从阴阳，分别四时，将从上古合同于道，亦可使益寿而有极时㉕。

【注释】

①黄帝：中国古代传说中最早的祖宗神。据说，黄帝时期有不少的发明创造，如衣裳、舟车、甲子纪年、文字、桑蚕等。中国的医药学也托名黄帝为开端。②徇齐：思维敏捷，反应迅速。③敦敏：勤勉而聪慧。④成而登天：传说黄帝在位百

年，寿110岁，最后乘龙升天。《史记》记载，黄帝死后葬在桥山，即现在的陕西省黄陵县有黄帝陵。⑤天师：帝王的老师，即后世的『太师』的意思，指黄帝的臣子岐伯。⑥春秋：此处指寿命。⑦时世异耶？人将失之耶：这两句的意思是：是时代的不同呢，还是人们的行为不同导致的呢？⑧知道：知晓『道』的奥妙。《黄帝内经》以道家思想为基础，『道』在这里指造化的本源。即《老子》所说的『有物浑成，先天地生，寂兮寥兮，独立不改，周行而不殆，可以为天下母。吾不知其名，强字之曰道』的『道』。⑨阴阳：中国古代哲学的基本范畴。阳代表相对运动、刚强、上升、雄健的一面；阴代表相对静止、柔弱、下降、雌伏的一面。《易经》中说『一阴一阳之谓道』，即任何事物都有阴阳两个方面、两种力量，阴阳相辅相成，相互制约，不可偏废。了解了阴阳相互平衡、相互制约的道理，有助于养生。⑩术数：此处指修身养性的法则。⑪以酒为浆：喝酒像喝水一样。⑫醉以入房：喝醉后又从事性生活。⑬精：指最细微的生命物质。《老子》说『其中有精，其精甚真』。《庄子·秋水》说『精者，小之微也』。《管子·内业》说『精也者，气之精者也』。精是生命的来源，也是人的智慧来源。『凡物之精，比则为生，下生五谷，上为列星。』古人认为，耗散了精气，人就会死亡。⑭不知持满：精力旺盛的时候注意保养，称为『持满』，如果在这时候任意挥霍自己的体力和智力，容易导致衰老。⑮御神：做耗散神智的事情。⑯务快其心，逆于生乐：人们往往被暂时的快乐所吸引，追求一时的纵欲之乐，其实是违逆了生命的规律，无法得到真正长久的喜乐。⑰风：中医里指风邪，即各种致病因素。⑱恬惔虚无：恬，安静。惔，朴素。虚无，心情宁静，不为外物所动。⑲真气从之：真气，指人的元气。古代的养生学认为，人先天禀赋的真气有限，后天不断耗散，耗尽则死。但若善于养生，安静恬淡，则会渐渐恢复，使真气重新生出。⑳气从以顺，各从其欲，皆得所愿：真气回充，调适而安顺；清心寡欲，则更易顺适自己的欲望；所以能够做到自得而如愿。㉑真人：真正的人。在道家看来，『真人』是能保持先天真气，长生于天地之间的理想化的人。相对地，世俗之人被称为『尸人』，又叫作『活死人』，这种人虽然有生命，可由于不能保持先天真气，每时每刻都向死亡走近一点。㉒『提挈』各句：提示了养生家的一整套修养之道。『提挈天地，把握阴阳』是总纲，即：秉持天地造化的大道，把握阴阳消长的规律。『呼吸精气，独立守神』，重在『精、气、神』三字，通过调整呼吸，使得一呼一吸都能极细极长，绵绵密密，古人认为，这样就可以『吸阴阳之气，食天地之精』。独立守神，即在安静专一中休养精神。《四十二章经》说，『断根不如断心』。人的精神不向外驰骋，而向内收拢，则能得到滋养。『肌肉若一』，是就效果而言的，即：若能把精气神养足，那么外在的形体也能够恒久保全，身心合乎天地之大道。『肌肉若一』在这里指表里一贯，通达大道的境界，《老子》：『昔之得一者：天得一以清，地得一以宁，神得一以灵，谷得一以盈，万物得一以生，侯王得一以为天下正。』『万物得一以生』中的『一』，是一股原始的生命力。㉓『中古』各句：至人的修养方法，在于『淳德全道』，平正敦厚，藏形隐迹，合乎阴阳的变化，顺应四时的规律。这样可以延长寿命，避免衰老，但与真人的『寿敝天地』已经有所不同。经文用『亦』字，意即与真人相比，稍逊一筹。㉔『其次』以下各句：圣人的修养之道，在于不出世间而能淡泊名利，这里最重要的是『无恚嗔之心』。恚嗔，即生气、发怒。圣人虽然生活在世间，却处处自得其乐，随遇而安，决不大动肝火，时时刻刻都能保持精神愉悦，所以能活到百岁左右。㉕『其次』以下各句：贤人的修养之道，在于『辩列星辰，逆从阴阳』，即收集各种养生知识，严格遵循，养生家讲究『以逆为顺』，即在很多时候必须逆着自己的本性来。例如人都有放纵情欲的本性，但养生家却要约束情欲。古人认为，阳主生，阴主死，常人的阳气随着岁月的变化而渐渐消减，最终耗尽而死。但养生家却可以通过各种方法逆着这个趋势，逐渐补充阳气，从而达到延寿保命的目的，但这样做，已经违反了『天真』的原则，所延长的寿命终究是有限的。

四气调神大论（节选）

春三月，此谓发陈①。天地俱生，万物以荣，夜卧早起，广步于庭，被发缓形②，以使志生，生而勿杀，予而勿夺，赏而勿罚③，此春气之应，养生之道也。逆之则伤肝④，夏为寒变，奉长者少⑤。

夏三月，此谓蕃秀⑥。天地气交，万物华实⑦，夜卧早起，无厌于日⑧，使志无怒，使华英成秀⑨，使气得泄，若所爱在外，此夏气之应，养长之道⑩也。逆之则伤心⑪，秋为痎疟⑫，奉收者少，冬至重病⑬。

秋三月，此谓容平⑭。天气以急⑮，地气以明⑯，早卧早起，与鸡俱兴，使志安宁，以缓秋刑⑰，收敛神气，使秋气平，无外其志，使肺气清⑱，此秋气之应，养收之道也。逆之则伤肺，冬为飧泄⑲，奉藏者少。

冬三月，此谓闭藏。水冰地坼⑳，无扰乎阳，早卧晚起，必待日光，使志若伏若匿㉑，若有私意，若已有得，去寒就温，无泄皮肤，使气亟夺。此冬气之应，养藏㉒之道也。逆之则伤肾㉓，春为痿厥㉔，奉生者少。

夫四时阴阳者，万物之根本也。所以圣人春夏养阳，秋冬养阴，以从其根，故与万物沉浮于生长之门。逆其根则伐其本，坏其真矣。故阴阳四时者，万物之终始也，生死之本也。逆之则灾害生，从之则苛疾不起，是谓得道。道者，圣人行之，愚者佩之㉕。从阴阳则生，逆之则死；从之则治，逆之则乱。反顺为逆，是谓内格㉖。是故圣人不治已病，治未病；不治已乱，治未乱，此之谓也。夫病已成而后药之，乱已成而后治之，譬犹渴而穿井，斗而铸锥，不亦晚乎㉗？

【注释】

①发陈：发，散发。陈，春天阳气上升，除旧布新。②被发：被，同『披』，披散头发。缓形：松缓衣带，让形体舒展。③生而勿杀，予而勿夺，赏而勿罚：春季是万物生长发育的季节，为顺应这种趋势，从精神上来讲，应当宽厚仁慈，尽量不杀生，不争夺，不惩罚他人，做到心胸开阔，情绪乐观，仁爱大度，多给予，少索取。④逆之

则伤肝：中医以五行配合五脏，肝属木，而春天是万木生长的季节，若不能得到很好的调养，肝就会受损。⑤夏为寒变，奉长者少：由于五行里面的木生火，若肝的『木』受损，夏天就无法得到足够的热力。所以称为『寒变』。奉长者，指身体里的精气。春生为夏长的基础，若春天养生不好，那么夏天养生的基础就薄弱了。中医认为春生夏长，秋收冬藏，下文的『奉收者少』『奉藏者少』『奉生者少』与此类似。⑥蕃秀：万物茂盛。⑦天地气交，万物华实：夏季是阳气到达极点而与阴气相交的时候，此时司生长的阳气到达极点（夏至），所以万物最为繁茂。⑧无厌于日：不要因为白天太长而感到厌烦。⑨华英成秀：精血充裕，神完气足。⑩养长之道：保养精气，使之生长的方法。⑪逆之则伤心：心属火，夏天的火旺，如不能好好适应，就会伤心脉。⑫痎疟：疟疾的统称。⑬冬至重病：因冬天属水，夏天火旺的时候没有养好阳气，到了冬至阴寒之时就会承受不住。⑭容平：充实而安定。⑮天气以急：秋天风势劲急。⑯地气以明：空气清新，地上的景物颜色鲜明。⑰使志安宁，以缓秋刑：秋天有一股肃杀之气，故称『秋刑』，要用安宁的精神来缓和这种万木萧条的气象。⑱无外其志，使肺气清：肺属金，秋天属金，所以秋天要养肺。秋风秋霜都是不可抗拒的，只要收敛示弱，把锋芒收起来，心平气和，不着急，不生气，就可以清肺气。⑲飧泄：由消化不良而引起的腹泻。⑳坼：分裂。㉑使志若伏若匿：心勿外求，潜伏不为人知。㉒藏：同『脏』，内脏。㉓逆之则伤肾：冬天在五行里属水，肾也属水，冬天要注意闭藏，减少房事，否则就会伤肾。㉔痿厥：手足萎弱无力而不温。㉕圣人行之，愚者佩之：圣人能严格遵行，愚人只能佩服赞叹，却不能实行。㉖内格：内心反抗阴阳的规律，逆天而行。㉗渴而穿井，斗而铸锥：口渴的时候才去打井，要战斗的时候才去铸兵器，比喻要防患于未然。如果小病得不到医治，到大病来时就晚了。

阴阳应象大论（节选）

黄帝曰：阴阳者，天地之道也[1]，万物之纲纪[2]，变化之父母[3]，生杀之本始[4]，神明之府[5]也。治病必求于本[6]。故积阳为天，积阴为地。阴静阳躁，阳生阴长，阳杀阴藏，阳化气，阴成形。寒极生热，热极生寒[7]，寒气生浊，热气生清[8]。清气在下，则生飧泄[9]；浊气在上，则生䐜胀[10]。此阴阳反作，病之逆从也[11]。故清阳为天，浊阴为地；地气上为云，天气下为雨；雨出地气，云出天气。故清阳出上窍[12]，浊阴出下窍[13]；清阳发腠理，浊阴走五脏；清阳实四支，浊阴归六腑[14]。水为阴，火为阳；阳为气，阴为味[15]；味归形[16]，形归气[17]；气归精[18]，精归化[19]；精食气，形食味；化生精，气生形；味伤形，气伤精；精化为气，气伤于味。

阴味出下窍，阳气出上窍。味厚者为阴，薄为阴之阳。气厚者为阳，薄为阳之阴[20]。味厚则泄，薄则通。气薄则发泄，厚则发热。

壮火之气衰，少火之气壮。壮火食气，气食少火[21]。壮火散气，少火生气。气味，辛甘发散为阳，酸苦涌泄为阴[22]。

阴胜则阳病，阳胜则阴病。阳胜则热，阴胜则寒。重寒则热，重热则寒。寒伤形，热伤气[23]。气伤痛，形伤肿[24]。故先痛而后肿者，气伤形[25]也；先肿而后痛者，形伤气也。风胜则动[26]，热胜则肿[27]，燥胜则干[28]，寒胜则浮[29]，湿胜则濡泻[30]。

天有四时五行，以生长收藏，以生寒暑燥湿风。人有五脏化五气，以生喜怒悲忧恐。故喜怒伤气，寒暑伤形。暴怒伤阴，暴喜伤阳[31]。厥气上行，满脉去形[32]。喜怒不节，寒暑过度，生乃不固。故重阴必阳，重阳必阴。故曰：冬伤于寒，春必温病[33]；春伤于风，夏生飧泄；夏伤于暑，秋必痎疟；秋伤于湿，冬生咳嗽。

【注释】

①天地之道：古人认为天动地静，所以天为阳，地为阴。即下一段所说的『积阳为天，积阴为地』，『清阳为天，浊阴为地』。②万物之纲纪：阳动阴静，故阳代表万物的创生，阴代表万物的保持。③变化之父母：阴极阳生，阳极阴生，

朱熹说『变化虽多，无非阴阳之所生』。④生杀之本始：阳气温暖，阴气寒凉，养生之道要温寒适中，过热或过寒都会带来疾病和死亡。⑤神明之府：神明，指变化不测的精神，《黄帝内经》认为，人不是用脑而是用心来思考的，如果阴阳失调，心脉不畅，则会精神混乱，昏昧不明。现代医学虽然并不认为心脏和心智有直接的联系，但健康有力的循环系统，的确有助于思维的敏捷和灵活。⑥治病必求于本：这一句提出了中医最重要的原则，即标本兼治，重在治本。⑦寒极生热，热极生寒：如果阴阳超越了适当的比例，它们就会向相反的方向转化，如伤寒时，病人反而会觉得热；发烧的时候，病人会觉得冷。就是这个道理。⑧寒气生浊，热气生清：寒气较为凝滞，所以会有重浊沉降的感觉，例如受寒以后很多人会腹泻。热气向上蒸腾，过度发散的热邪能使人体经气向上向外飘散而不能汇聚。⑨清气在下，则生飧泄：如果清阳之气在下，元气就会妄行发散，人会因此消化不良或者引起腹泻。⑩浊气在上，则生䐜胀：如果浊阴之气在上，就会出现胸膈胀满的症状。⑪此阴阳反作，病之逆从也：这是承接上文『治病必求于本』而做的总结。反作的『反』，如阴生热，阳生寒；清气在下，浊气在上等，指阴阳二气在异常情况下的反映。反作的『作』，则是阴阳二气在正常情况下的反映，如阳生热，阴生寒等。病人的病情各有不同，必须判断它是顺从还是反逆阴阳运行的规律，才能对病人对症治疗。⑫上窍：指耳、目、口、鼻。⑬下窍：指阴部和肛门。⑭清阳发腠理，浊阴走五脏；清阳实四支，浊阴归六腑：腠理，身体的表层组织。阳气向外蒸腾，所以它通常是在身体表层，阴气则深藏于人的内脏器官之中。⑮阳为气，阴为味：气，指可以闻到的气息。味，指可以尝到的味道。这也是由阳气向外发散，阴气向内收敛的道理而来的。⑯味归形：吃进去的东西必然归属于与之相应的有形的脏器。⑰形归气：有形的脏器必然将吃进去的营养物质转化为元气。⑱气归精：丰沛的元气必然汇聚于丹田而成为精。⑲精归化：这积累充足的元精必然被用来温煦脏腑对水谷进行运化。⑳味厚者为阴，薄为阴之阳。气厚者为阳，薄为阳之阴：这四句是说，阴阳中又各有『小阴阳』，例如味属阴，但味中清淡的为『阴中之阳』，味中重浊的为『阴中之阴』；气息清爽的为『阳中之阳』，气息重浊的为『阳中之阴』。㉑壮火之气衰，少火之气壮。壮火食气，气食少火：火，中医的重要概念，指人身体里的阳气。万物的生长都靠着阳气，但过于亢盛的阳气容易衰竭，平和的阳气才能逐渐壮大。壮火食气，即亢盛的阳气会消耗人的元气；气食少火，即平和的阳气可以补益元气，就仿佛气以『少火』（平和的阳气）为食一般。㉒气味，辛甘发散为阳，酸苦涌泄为阴：气味可以分成阴阳。辣的和甜的具有发散作用属于阳，酸的和苦的具有通利和下泻的作用，所以属于阴。㉓寒伤形，热伤气：寒邪容易伤害形体，热邪容易伤害气。因为寒气太重，过于阴冷，所以属阴的形体容易受伤害；热气太重，属阳的气容易发散，所以伤气。㉔气伤痛，形伤肿：气受到伤害，就会运行不畅出现疼痛，形体受伤就会使肌肉壅滞，引起肿胀。㉕气伤形：气先受伤，尔后形受伤，因气的受伤，带累形体受伤。㉖风胜则动：风邪太盛伤害人体会引起头晕目眩，肢体痉挛，震动不定。㉗热胜则肿：热邪太盛伤害身体会产生红肿热痛的丹毒疮痈。㉘燥胜则干：燥邪太盛伤害人体会使津液受到消耗，会出现各种干燥的症状。㉙寒胜则浮：寒邪太盛伤害身体使阳气不能正常运行，可以引起浮肿。㉚湿胜则濡泻：湿邪太盛伤害身体会引起大便泄泻而不爽。㉛暴怒伤阴，暴喜伤阳：血属阴，气属阳，怒则伤肝，中医认为肝是藏血的，所以伤血。大喜的时候，气容易发散，所以伤气。㉜厥气上行，满脉去形：气逆上行，充满经脉，导致阳气脱离形体而散失。㉝温病：患温热之邪引起的外感病。包括多种外感急性热病，如大头瘟、烂喉痧等。

《抱朴子》

【导读】

葛洪，东晋著名的道教理论家、医学家、炼丹术家。字稚川，自号抱朴子，丹阳句容（今江苏句容）人。生于晋武帝太康四年（283年），卒于晋哀帝兴宁元年（363年），享年81岁。

作为葛洪代表作的《抱朴子》内外篇，是他思想的集中体现。其中，内篇是以『神仙方药，鬼怪变化，养生延年，禳邪却祸』为主，而外篇则讲『人间得失，世事臧否』。内篇总结了早期神仙道教的理论，将其系统化、理论化；同时还继承了魏伯阳的炼丹理论，集魏晋炼丹术之大成，是研究我国古代炼丹术的重要文献，也是研究我国晋代以前道教史以及魏晋道教思想史的宝贵资料。《抱朴子》一书的基本思想是以神仙修炼为内，儒术应世为外，将道教神仙学与儒家的纲常名教思想相结合，具有重要的理论价值。

夫求长生，修至道，诀在于志，不在于富贵也。苟非其人，则高位厚货，乃所以为重累耳①。何者？学仙之法，欲得恬愉淡泊，涤除嗜欲，内视反听，尸居无心②。而帝王任天下之重责，治鞅掌之政务，思劳于万几，神驰于宇宙，一介失所，则王道为亏，百姓有过，则谓之在予③。醇醪汩其和气④，艳客伐其根逌，所以剪精损虑削乎平粹者，不可曲尽而备论也。蚊噆肤则坐不得安⑤，虱群攻则卧不得安。四海之事，何祇若是⑥。安得掩翳聪明，历藏数息，长斋久洁，躬亲炉火，夙兴夜寐，以飞八石哉⑦？汉武享国，最为寿考，已得养性之小益矣⑧。但以升合之助，不供钟石之费，畎浍之输，不给尾闾之泄耳⑨。

仙法欲静寂无为，忘其形骸，而人君撞千石之钟，伐雷霆之鼓，砰磕嘈嗽，惊魂荡心，百技万变，丧精塞耳，飞轻走迅，钓潜弋高⑩。仙法欲令爱逮蠢蠕，不害含气，而人君有赫斯之怒，芟夷之诛，黄钺一挥，齐斧暂授，则伏尸千里，流血滂沱，斩断之不绝于市⑪。仙法欲止绝臭腥，休粮清肠，而人君烹肥宰腴，屠割群生，八珍百和，方丈于前，煎熬勺药，旨嘉餍饫⑫。仙法欲博爱八荒，视人如己，而人君兼弱攻昧，取乱推亡，阔地拓疆，泯人社稷，驱合生人，投之死地，孤魂绝域，暴骸腐野⑬，五岭有血刃之师，北阙悬大宛之首⑭，坑生煞伏，动数十万，京观封尸，仰干云霄，暴骸如莽，弥山填谷[15]。秦皇使十室之中，思乱者九。汉武使天下嗷然，户口减半[16]。祝其有益，诅亦有损[17]。结草知德，则虚祭必怨[18]。众烦攻其膏肓，人鬼齐其毒恨[19]。彼二主徒有好仙之名，而无修道之实，所知浅事，不能悉行。要妙深秘，又不得闻[20]。又不得有道之士，为合成仙药以与之，不得长生，无所怪也。

吾徒匹夫，加之罄困，家有长卿壁立之贫，腹怀翳桑绝粮之馁[21]，冬抱戎夷后门之寒[22]，夏有儒仲环堵之暵，欲经远而乏舟车之用[23]，欲有营而无代劳之役，入无绮纨之娱[24]，出无游观之欢，甘旨不经乎口，玄黄不过乎目[25]，芬芳不历乎鼻，八音不关乎耳，百忧攻其心曲，众难萃其门庭[26]，居世如此，可无恋也。

或得要道之诀，或值不群之师，而犹恨恨于老妻弱子，眷眷于狐兔之丘，迟迟以臻殂落，日日不觉衰老，知长生之可得而不能修，患流俗之臭鼠而不能委[27]。何者？爱习之情卒难遣[28]，而绝俗之志未易果也。况彼二帝，四海之主，其所耽玩者[29]，非一条也，其所亲幸者，至不少矣。正使之为旬月之斋，数日闲居，犹将不能，况乎内弃婉娈之宠，外捐赫奕之尊[30]，口断甘肴，心绝所欲，背荣华而独往，求神仙于幽漠，岂所堪哉？是以历览在昔，得仙道者，多贫贱之士，非势位之人。又栾太所知，实自浅薄，饥渴荣贵，冒干货贿[31]，播虚妄于苟且，忘患祸于无为，区区小子之奸伪，岂足以证天下之无仙哉？昔勾践轼怒蛙[32]，戎卒争蹈火。楚灵爱细腰，国人多饿死。齐桓嗜异味，易牙蒸其子[33]。宋君赏瘠孝，毁殁者比屋[34]。人主所欲，莫有不至。汉武招求方士[35]，宠待过厚，致令斯辈，敢为虚诞耳。栾太若审有道者，安可待煞乎？夫有道者，视爵位如汤镬，见印绶如缞绖[36]，视金玉如土粪，睹华堂如牢狱。岂当扼腕空言，以侥幸荣华，居丹楹之室，受不訾之赐，带五利之印，尚公主之贵[37]，耽沦势利，不知止足，实不得道，断可知矣。

【注释】

①厚货：指丰厚的财产。累：累赘。②内视反听：内视，即『内观』，指存想身体的某个器官，这是一个意识内敛的过程。反听，即『返听』，指集中注意力听自身呼吸的声音。尸居：像尸体一样静止，比喻安居无为。③鞅掌：指事务繁忙，没有时间整理仪容。万几：也作『万机』，指繁多的事务。一介失所：一点儿过失。一介，指微小的东西。介，通『芥』，草芥。④醇醪：味道纯正而浓厚的美酒。⑤噆：咬，叮。⑥何抵若是：哪里只是这些呢？⑦历藏数息：指道家修炼的方法。历藏，让意念历经腑脏。数息：数鼻息的次数，从而达到凝神的作用。以飞八石：炼制八石精华。八石，即丹砂、雄黄、雌黄、硫黄、曾青、硝石、磁石、戎盐，为道家炼丹的八种石类原料。⑧享国：享有其国，指帝王在位。寿考：指高寿的意思。⑨畎浍：田间水沟。尾闾之泄：形容水量大。尾闾，古代传说中海水所归之处。⑩百技：百般伎俩。技，通『伎』。钓潜弋高：钓起水中深潜的鱼，射下空中高飞的鸟。⑪爱逮：爱及。含气：含有灵气的生物。芟夷：消除之意。齐斧：同『资斧』，利斧，是帝王用以杀伐的兵器，比喻军权。⑫百和：百味调和。方丈：一丈见方。形容菜肴罗列的盛况。旨嘉：美味的食品。旨，味美。⑬兼弱攻昧，取乱推亡：兼并弱小，攻取政治昏暗愚昧的国家；趁着战乱，推翻别国的政权。昧，指政治昏暗的国家。绝域：极远的偏地。⑭五岭有血刃之师：秦朝暴政，征发戍卒讨伐南越。五岭，指大庾岭、骑田岭、都笼岭、萌渚岭、越城岭。血刃，血染兵刃。⑮坑生煞伏：坑埋活人，杀死降卒。京观封尸：古时胜利的一方在战争结束后为了炫耀武功，收集敌人尸首，堆成高冢，称为『京观』，也称为『京丘』。封，堆。⑯嗷然：众口哀怨声。⑰祝：祝颂。诅：诅咒。⑱结草知德：指受恩深重，结草衔环，至死也要报答。⑲攻：引申为损伤。⑳要妙：要点，妙诀。㉑罄困：穷困。㉒戎夷后门之寒：典故出自《吕氏春秋·长利》：『戎夷违齐如鲁，天大寒而后门。夷与弟子一人宿于郭外，寒愈甚，不得已解衣与弟子，夜半而死，弟子遂活。』

㉓用：财用。㉔绮纨：丝和绢，即锦缎衣服。㉕玄黄：指彩色丝帛。㉖萃：聚集。㉗眷眷：恋恋不舍的样子。臭鼠：用来指世人追逐功名利禄。㉘爱习：爱好和习惯。㉙耽玩：深切地爱好、玩味。㉚婉娈：年少而美好的样子。捐：放弃。㉛冒干：『冒』『干』都是犯、冲犯的意思，这里是『求取』的意思。㉜勾践轼怒蛙：勾践为愤怒的青蛙扶轼致敬，以鼓舞士气。㉝齐桓嗜异味，易牙蒸其子：齐桓公：春秋时期齐国的国君。易牙：齐桓公的宠臣，善逢迎。㉞宋君赏瘠孝，毁殁者比屋：瘠孝，指守孝悲伤过度而消瘦。毁殁，居丧时过于哀伤而死去。比屋，屋与屋相互挨着，形容数量之多。㉟方士：古代好讲神仙方术的人。㊱汤镬：汤，滚水。镬，无足大鼎。古代的一种酷刑，将人抛入滚汤中煮死。印绶：古代官员系官印的丝带。缞缞：丧服和麻带。㊲不訾：数量之大，不可计算。尚：匹配，多用于匹配皇家的女儿。